文化に出会い、友だちに出会う

障害の重い子どもたちと創る授業・教育・学校

羽田千恵子──著
羽田千恵子先生実践集編集委員会・
白石恵理子・白石正久──編

クリエイツかもがわ
CREATES KAMOGAWA

はじめに　重症心身障害児教育に携わった32年間を振り返って

1　重症心身障害児の内面発達をとらえる試み

私は、1979年の養護学校義務制実施の年に、重症心身障害児施設第2びわこ学園（現在の「びわこ学園医療福祉センター野洲」―編者註）内にあった滋賀県立八幡養護学校野洲校舎で初めて障害児教育に携わりました。校舎に通う学齢期をすぎた園生13名の半数以上は、映画『夜明け前の子どもたち』に登場していた人たちで、「学校へ行きたい」という強い願いをもち、言葉で語る人もいました。私は、話し言葉をもたない、あるいは表面的に話すことはできても自分の願いをもちきれない人たちを担当しました。その後、八幡養護学校本校、三雲養護学校、草津養護学校と32年間、重症心身障害児といわれる子どもたちへの教育実践に携わり、子どもたちの心の声を聞きたい、語りあいたい、そして願いを引き出したいと、もがき続けてきたように思います。

1980年代以降各地域の就学前療育の整備もすすみ、重症心身障害児といわれる子どもたちも、就学までに生活リズムや健康面が安定しはじめ、人や外界に対して興味関心をもちはじめる子どもたちが養護学校に入学してくるようになってきました。一方で、医学と医療的機器の進歩により、医療的ケアが必要な子どもたちが在宅で通学できるようになり、障害の重度化も見られています。

このように障害の状況は多様で幅がありますが、移動手段や手指の操作力をもつ場合も、もたない場合も、重症心身障害児の多くは発語がなく、自分で新しい世界を探索することや内面の思いや要求を表現することに大きな制約をもち、その力が正当に評価されず、発揮されにくい状況があります。

なかには言語的働きかけに興味を示し、幼児期の発達の階層にあると思われる子どもたちもいますが、多くは乳児期の発達段階と考えられて、感覚的な揺さぶり遊びなどを通して笑顔を引き出す取り組みや、自立活動として姿勢・運動への働きかけが指導の中心となる場合があります。

つまり、重症心身障害児の内面的な発達を把握し、学校教育の目的である〝人格の完成〟にむかう方向性をもった教育目標と教育内容を具体化し、授業づくりをすすめ指導する力量をつけていくことは、義務制実施から32年たった現在でもまだまだ障害児教育の大きな課題でもあります。

実際、私も多くの試行錯誤や失敗を重ねてきました。まだ、療育が不十分であった80年代は〝笑顔の獲得〟を第一の目標として、揺さぶり遊びや感触遊びを実践の軸としてきました。9歳にして初めて笑った子ども、目が合わなかったけど毎日歌いながら支え歩行をする中で自分から目を合わせ笑みを浮かべるようになった子どもなど、多くの子どもたちに励まされてきました。しかし、だんだん、〝笑顔の獲得〟の課題を越える子どもたちの存在に気づき、悩みはじめ、職場においては、研究・研修の業務に関わりながら、学校全体としての研究・研修を組織し、教職員集団として学びあう場とシステムを作ってきました。

また個人的には、平成6年度に滋賀大学大学院に内地留学をし、重症心身障害児の授業での様子を分析・研究する機会を得ました。移動手段をもたず、常に手もみをする重症児の「みる・きく・はなす」のお話あそびの授業でのビデオ記録をもとに、授業の文脈の中で、視線・表情・発声・手足の動き（手もみの状態の変化も含む）がどのように変化し、どれぐらい持続するかを時間測定し、量的検討、横断的検討から質的検討・分析を行いました。結果、対象児は、特定の場面や声かけに対して、表情を変えたり、注視、発声がみられ、加えて手もみが緩やかに、あるいは止まることが明らかになり、さらに目前にない次の場面や活動を予測した視線や表情を見せ、「ブレーメンへ行こう」の語りに必ず手を挙げるなどの表出があるなど、幼児期の1歳半以上の発達の力をもつことが明らかになりました。

以後、授業をビデオで記録し分析することを、個人のレベルだけでなく、職場での重症心身障害児の授業研究の手法として用い、教師集団としてすすめることを大切にしてきました。その中で多くの若い教師が、子どもにていねいに関わり、子どもの微細な表出を見逃さずにその内面を読みとろうとする力量と感性をつけてきたことに、ささやかな喜びをもちますが、特別支援教育の流れの中で、すべて自立活動で取り組まれたり、各感覚の要素に視点を当て、行動評価する実践が全国的に増えてきている状況があり、重症心身障害児の内面発達を引き出す教育実践の役割と課題はまだまだ大きく残っているといえます。

また、内地留学後、入学してくる重症心身障害児の中に、言語的感性をもつ幼児期の発達課題をもつ子どももいることを想定するようになりました。入学時での言葉かけを大事にし、そのあとの「朝の会」や「みる・きく・はなす」などの言語的な働きかけの多くある学習活動での姿を観察すると、乳児期後半や1歳頃と診断されている子どもたちの中に、幼児期の1歳半以上の力をもつ場合が少なからずあることがわかってきました。

2 重症心身障害児にとっての魅力的な授業づくり
——主体性、文化を享受する喜び、新たな内面要求の高まり

さて、この重症心身障害児にとって魅力的な授業をどうつくるか、これも32年間における大きな課題であります。

義務制実施後、すべての重度の子どもたちにも学校教育が保障されるようになりましたが、野洲校舎にいた私は、何をすればいいのか、授業とは？　と、手探りの状況でした。その中で義務制実施の10年も前に「すべての子どもにひとしく教育を保障する」と開校した京都府立与謝の海養護学校の公開研究会に出かけました。そこで、重症心身障害児に対して魅力的な人形や歌声で演出されたお話あそびで働きかける実践に出会いました。その実践は、文化的にすぐれた教材を通して〝外界への興味関心を高める〟ということだったとは思いますが、私は、その時から「重度の子どもたちに文化を」ということを実践課題としてきました。

通常の発達の子どもたちには、文化のくくり（領域―編者註）を教科として指導する教育課程がありますが、そのような教科をそのまま子どもたちに押しつけることではなく、子どもたちが主体者となり、人間として普遍的な文化を享受する喜びを分かち合える授業があるのではないかと考えたのです。

ストーリー性をもったダイナミックな揺さぶり遊びなどを創造する過程で、子どもの気持ちや発達を飛び越す失敗をしつつも、お話あそびに予想以上の力を発揮する子どもたちの姿に学びながら自分の育ちを重ね合わせた時に、あることに気づきました。

私たち自身が人間としてあたりまえの文化・教育にどのように出会ってきたかをかえりみたとき、

お話を楽しむこと、豊かな音楽に親しみ感性を高めること、肢体障害をもっていてもその子なりの表現の喜びを味わうこと、そして、それらを友だちとともに共有することなど、通常教育と共通する教育の普遍的な価値に気づかされたのです。

そうすると、教材づくり・授業づくりは、子どもたちの発達や障害、生活年齢、生活における願いに思いを寄せながらも、教師（集団）自身が魅力を感じ、子どもたちに伝えたくなるような教材を選び、つくることがとても大切になります。たとえば、同じ『おむすびころりん』を教材にしても、「繰り返しがあるし、子どもにも分かりやすいから」と取り組むのと、「♪おむすびころりんすっとんとーん♪の響きとワクワク感、そしてお餅をつくハレの気分に出会わせたいなあ」と取り組むのでは、教材づくりへの思い入れや授業での息づかい、子どもに伝わる空気がまったく異なります。白石正久氏が言うように、知りたい、学びたいという意欲や、わかって嬉しい、など情意と結びついて学びの要求は高まるのであり、子どものワクワクした気持ちを引き出したい教師集団のワクワク感や思いがこもった教材研究があればこそ、子どもの気持ちに届く授業づくりにつながります。

それには、乳児期後半頃から「いないないばあー」に期待したり、絵本に興味を示すなど言語的感性が高まり、一歳半頃には絵本の読み聞かせを楽しむ姿がみられるという発達認識を共有したうえで、重症心身障害児にも〝お話の世界にアクセス〟するための基盤づくりが保障されるべきであるという観点と、「みる・きく・はなす」が、「ことば」「国語」の系に連なるという教育課程上の位置づけがされることが必要になります。

担任やクラスによって学習領域の目標やねらいが異なるのではなく、共通のねらい、方向性を持ち、互いに授業づくりを切磋琢磨しあうなかで、より魅力な授業づくりが可能になります。草津養護学校の研究部においては、実践の中で子どもの姿を確かめあい、授業のねらいを論議しながら10年かけて学校全体の教育課程をまとめ、重症心身障害児に保障すべき文化の系としての学習領域を体系化しました（２０１０年）。

そうした実践研究の中で、教材づくりでは、教師それぞれの持ち味や得意技が発揮され、また自身の力量を開拓することも含めて、教師それぞれの文化性が融合されること、そのことで教材・授業への互いの思いが深まることも明らかになってきました。

もちろん、こうした教師集団としての教材観の深まりや指導内容での共通確認を越えて、授業という〝生き物〟が存在します。指導案や当日の打ち合わせでは盛り込みきれないそれぞれの思惑やあそび心が子どもたちに響き協応しながら、授業は教師たちと子どもたちのコラボレートによって生み出されます。

今後も、重症心身障害児といわれる子どもたちが予想を越えた姿をみせる授業づくりのおもしろさや、人間として大切にされる教育課程づくりについて、より理解を広げるための活動を続けていきたく考えます。

二〇一五年七月一二日

羽田千恵子

解説

本書の筆者である羽田千恵子先生は、長い闘病の末に2015年8月6日に、64歳で永眠されました。「はじめに」とした本文は、「重症心身障害児教育に携わった32年間を振り返って」という表題をつけられ、先生が自らの教育実践論集の出版をめざして論考をまとめられていた記憶媒体に収納されていたものです。その最終的な更新日時は、7月12日の午後9時となっています。実は、その記憶媒体のなかには本文の草稿とみられる別の文章もあり、なぜか7月18日に最終の更新がなされています。編者である白石恵理子と正久は、その翌日に自宅で療養されている羽田先生をお訪ねしたのですが、元気に教え子たちのことを語られる姿に、それがお別れになろうとは思えませんでした。

草稿のなかから何かを引き出して、本文を修正しようと思われたのでしょう。しかし、それは叶わぬままに最後の入院となり、羽田先生は旅たたれました。自らの死をきわめて現実的なこととして認識され、その準備もされていた羽田先生でしたが、その作業の一つとして最後まで自らの教育実践論をまとめ上げようとされていたのです。

このような経過により、本書は遺稿集ではなく、羽田先生自身による実践論集として出版されます。編者による文章の修正は最小限度にとどめ、原文のままとしました。これらの論考の仕上げだけではなく、32年間において作られてきた多くの教材には、最後まで解説のカードを書いて添付されていました。教材の多くは、ご自宅において夜鍋を繰り返しつつ作られたものだそうです。本書には、そのいくつかの写真を納めました。

自らの生涯発達の課題としてこれらの論考と向きあわれてきた羽田先生ですが、そのもとになった実践と研究は、信頼関係を礎にした同僚との粘り強い議論によって作られてきたものです。そういった教師集団の発達の事実を創り出すことを、自らの課題として厳しく課しておられたのです。本書には、共同の所産として引き継がれているものは何かを、かつての同僚に寄稿していただきました。

子どもたちを愛し、まさに教師として人生の丸ごとを生きられた羽田先生でしたが、ご家族との生活は、さらに深い愛をもって重ねてこられました。本書への、夫・聖さん、長男・明日香さんの寄稿によって、家庭から照射して浮かび上がる羽田先生の人格が、私たちの知る教師としてのそれと一つであることを認識することになるでしょう。

とりわけ若い教師のみなさんが、以上のような視野を共有しながら、教育者としての長い人生を歩み続けられることを願って、本書は出版されるものです。

編者

文化に出会い、友だちに出会う＊もくじ

第2章　羽田先生の実践を引き継いで　105

第3章　障害の重い子どもたちの発達とおはなしあそびの魅力（白石恵理子）　137

第4章　ともに生きた日々　149

コラム

第1章 重症心身障害児の授業づくり

1

「意味の世界」をとらえ、「意味をつくる」自分に出会う〈2003年〉

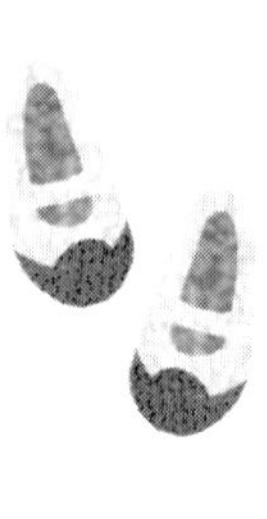

ありちゃんの姿から

ありちゃん

ありちゃんは小学部4年生の女の子。学校が大好きです。

朝、1時間半もかけてスクールバスに乗って登校してきますが、こちらをいち早く見つけます。「おはよう」って声をかけると〝クスクス〟と笑いがこぼれてくる日もあります。

［朝の会］でその日の学習を説明すると、ジッと先生を見つめ、しばらくして〝キャハハッ〟とうれしそうに笑ったり、「たっちゃん、お休みやわ。お家で寝たはるって」で、うなずくように頭を振ったりと、先生のことばを理解しようとする姿が見られます。でも、発語はありません。答えるよう

に〝フン〟と言える時もありますが、声を出そうとするととても緊張して目をしばたたいて顔をそむけ、結局「イヤイヤ」と言うように泣けてしまうことも多く、自分の気持ちを伝えることに大きな困難をもっています。

また、タオルなどを眼前で振り続けることが多く、目を伏せてタオルを振っていると周りにまったく気持ちを向けていないように見えるほどです。タオルを振るのを止めて、笑いながら人差し指を突きだしてくることが入学時から見られましたが、天井をさす指さしも多く、意味を読みとることが難しい指さしです。

このように、内面の気持ちや思いが見えにくいのが「重心児」と言われる子どもたちの実態です。障害が重いほど、自分から周りの世界に働きかけることが難しく、それだけ、要求や思いそのものの育ちも阻まれます。しかし、療育や保育など豊かな就学前教育の成果もあり、実は「やりたい」要求を強くもっており、だからこそ「できない」自分を過敏に感じ取っている子どもたちである、ということが感じられるようになってきました。

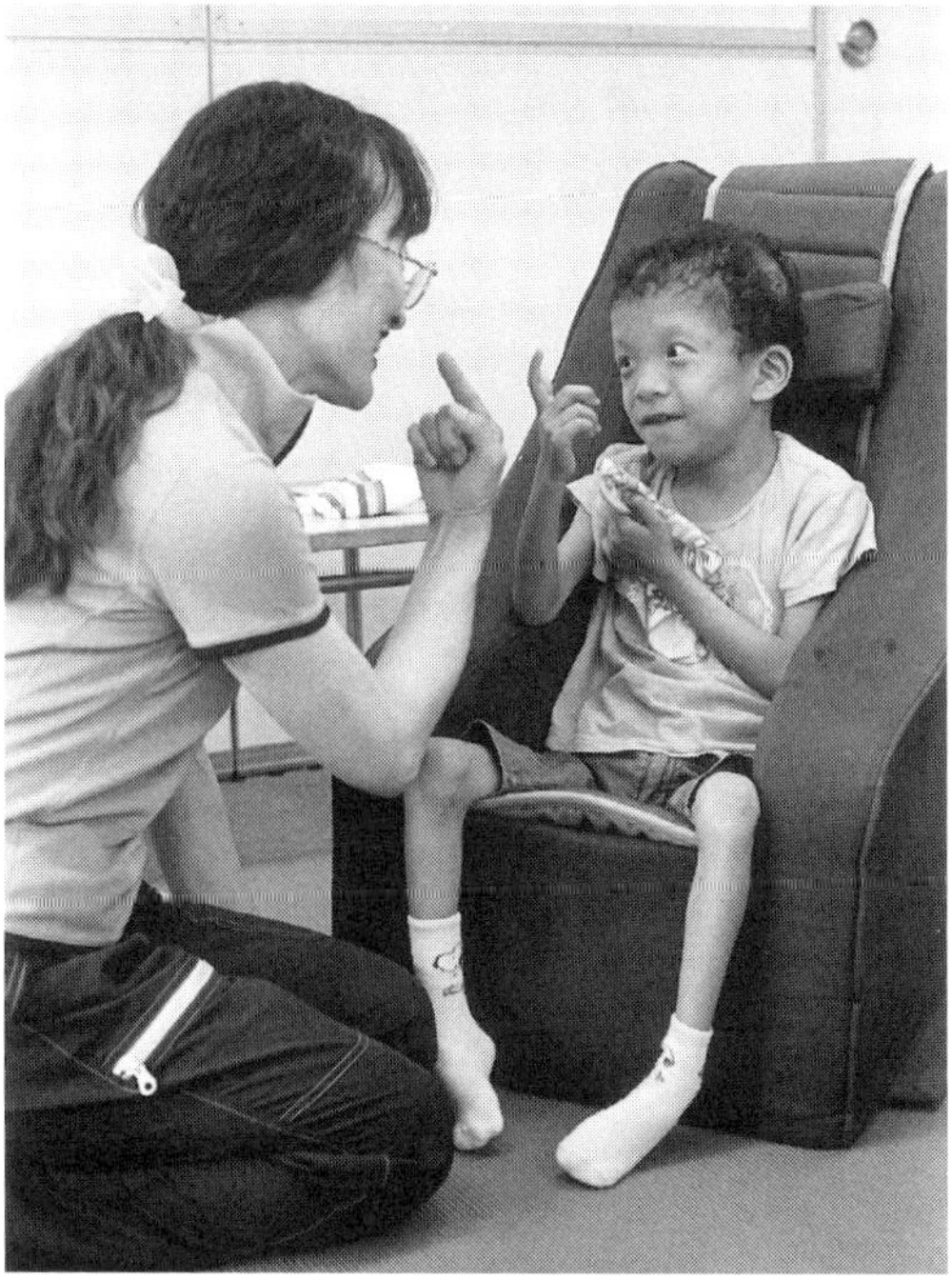
『集団と自我発達』より（写真：豆塚猛氏）

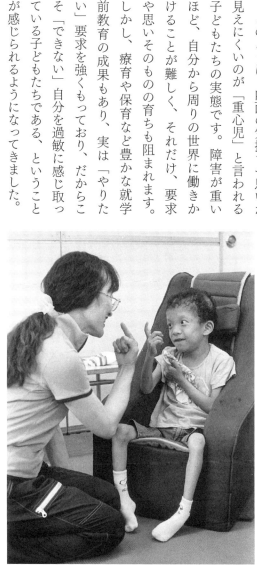

こうした子どもの願いを引き出し、自分で世界を切り開く主人公としての達成感と、活動を媒介に友だちや先生と共感し合う喜びを豊かに積み上げ、新たな願いにつなげることが私たちに求められています。

ここでは、ありちゃんのケースを中心にしながら、劇あそびを通して、ことばをもたない子どもたちがお話の中で意味に応じた行動をし始め、そのことでことばの意味を理解し始め、「……した」自分に満足げに出会う過程を伝えていきたいと思います。

なお、草津養護学校は「知肢併置校」ですが、小学部では知的障害と肢体障害別で各々発達課題別にクラス編成をしています。ありちゃんのクラスは重度肢体障害のクラスで、経管栄養摂取をする子どもや難治性てんかんを併せもつ子どもたち、5名前後の集団です。学習内容に応じて隣のクラス等との合同学習や学部集会などもあり、多様な集団の中で関係性の広がりを大切にしています。

お母さんの手記から

子どもたちと保護者が就学まで、重い障害とどのようにたたかってきたか、ありちゃんのお母さんの手記を紹介します。ありちゃんも今は少々風邪を引いても休まない元気者ですが、脳梁欠損という障害をもち、生まれたときにはいくつもチューブをつけて命をつなぎ、1歳ごろまで入院していた超重症児でした。

【手記　その①】

お腹の中に亜里砂がいた時、お医者さんから「第四脳室がとても大きく、水頭症の可能性があります」

と聞かされ、八か月の時検査入院することになりました。でも私は、子どもは元気に生まれてくるに決まっている‼ってずっと思っていました。

エコー検査を繰り返し、安静に……していたにもかかわらず、陣痛がき、逆子で未熟児ということで、緊急帝王切開となりました。

生まれてから聞きましたが、母子共に危険だと先生から話があったそうです。

生まれてきた亜里砂は、とても可愛い、みた感じごく普通の赤ちゃんでした。

すぐに保育器で小児病棟に運ばれ、一人ぼっちできっとたくさんの検査をしたんでしょう。検査の結果、亜里砂は水頭症ではなく、脳梁欠損でした。

脳梁って何？　聞いたこともないことばでした。

私が次にみた亜里砂は保育器の中で体にたくさん管をつけ、一生懸命呼吸をしていました。ミルクも飲めず鼻注でいれたミルクも嘔吐、体重はどんどん減っていきました。

どうして？　何故？って原因ばかり考える私にお医者さんが言ってくれました。

「原因よりもこれからのありちゃんのことを考えていきましょう」

そうです‼　原因がわかったって亜里砂がかわるわけでもない。これからのことが大事なんだと気づきました。

〔朝の会〕大好き！

小学部に入学した翌日、歌で始まる〔朝の会〕にオヤッという表情で関心を見せたありちゃん。「お名前、一番は誰？」で、しばらくして人差し指を突きだしてきたのです。「一番に呼んでほしいんやね」

と返してあげると、ウフッと微かな笑みがこぼれてきました。名前を呼ぶと、顔中こわばらせ目をしばたたき、息を吸いながら〝ガガガ〟といびきのような声を出します。「お返事できたね」とみんなでほめ、さらに握手を求めると、やや間をおいてから、顔をそむけつつサッとこちらの手を握りしめました。担任一同歓声をあげ拍手をしたところ、ありちゃんは得意気な表情をみせ、その二、三日後には［朝の会］の始まりの歌が流れ始めるやいなや、〝アハハ〟と笑って期待を見せるようになりました。同じ頃、お家で「学校へ行くよ」と促され、笑ったということです。

どの子も［朝の会］が大好きです。1年下のいっちゃんとたっちゃんが入学してきたときも、まず［朝の会］に気持ちを向けました。歌が始まると、いっちゃんは教室の外へ這っていこうとせず、ポータートーンのそばで満面の笑みを浮かべ、歌に合わせて〝アーアー〟と言います。たっちゃんは両手を振ってはしゃぎます。でも初めの頃は、名前を呼ばれると、いっちゃんはクルリと後ろを向き、たっちゃんは目をそらしました。「じゃ、もう1回呼ぶよ」とていねいに呼びかけ、間合いを大切にしながら、いっちゃんがまた後ろを向きざまに笑いかけたのを見逃さず、「お返事したんだねえ」と返していくことを繰り返す中、今3年生の彼らは声を出して返事をし、ますます［朝の会］が好きになっています。

［朝の会］は毎日あって、クラス集団として出会う大切な時間です。子どもたちも返事をしている自分に気づき、返事をしている友だちの姿に関心が向きます。子どもどうしをつなげていく時間ともいえます。

さて、話はありちゃんの1年生時に戻りますが、［朝の会］に期待をふくらませたありちゃんは、次に学習に気持ちを向けていきました。初めに好きになったのは［うた・リズム］、次が［みる・きく・はなす］の学習です。

1年生1学期、劇あそび『四ひきのねずみ』でお話に興味をもつ

劇あそび『四ひきのねずみ』は、紙芝居で始めました。

ありちゃんは、紙芝居の時は目をしょぼつかせてタオルを振っており、耳は傾けているのですが、見ている様子ではありませんでした。草原の中のネズミたちの様子を描いた絵は、優しいタッチなので見えにくいのかな？　と推測していました。ところが、学習を始めてしばらくした参観日の時、クラスの友だちの弟（2歳半ぐらい）が前に出てきて「あっ、〇〇や」と紙芝居の絵を指さしました。語りの教師も「そうやなあ、〇〇やな」と答えたところ、それを聞いていたありちゃんは「なになに？」とばかりに大きな目を開けて、紙芝居をのぞき込んだのです。その日から、紙芝居を見つめる姿が増えました。

お弁当箱にイチゴを入れる

紙芝居のあとは、各自のお弁当箱にオモチャの食品を入れて、リュックに詰めて学習室に向かって出発する、という設定になっています。

入学当初、ありちゃんはタオルとほ乳瓶以外は、何か持たされることに過敏に抵抗し、こいのぼり制作では筆を払いのけました。ただ、［うた・リズム］のマラカス演奏では、自分でマラカスを持っ

て振った姿があり、ありちゃんにはレモン型マラカスなどをお弁当箱に入れるようすすめました。ありちゃんはパッと握るのですがすぐに放ろうとします。それをこちらが必死にお弁当箱で受け止める、ということがしばらく続きました。ある日、イチゴを持ったので「ここに入れてね」とお弁当箱を目の前で見せたところ、すぐ顔をそらしたものの手が確実にお弁当箱の方へ動き、その上でパッと放したのです。何をするかがわかっている、でも過度に緊張して、顔をそむけ目もギュッと閉じてしまうけど、手が求められた意味に応じた行動を瞬間的にしていることに気づきました。「やりたくない」のではなく「やりたい」気持ちとして伝わってきました。

自分のリュックを持って学習室への移動

お弁当箱へ食品を入れる様子が見られた頃、そのお弁当箱を入れたリュックをありちゃんはしっかり握り持つようになりました。

「しゅっぱーつ!」。1階の教室から出て廊下へ、そしてエレベーターに乗り2階の暗い廊下をぐるーっと移動して学習室にようやく到着。学習室の扉に紙芝居の一場面が貼ってあり、「ここだね、誰か開けてくれる?」などのやりとりをしてから部屋に入ります。ふと見ると、なんと、ありちゃんはずっと赤いリュックを持ち続けているではありませんか!

学習室には青いビニールシート(これから渡る〝川〟)が敷かれています。その前に子どもたちみんなが並び終えた時、ようやくありちゃんは赤いリュックを手放したのです。その場面では、子どもたちは順に先生に抱かれてローラーボードに乗り、向こう岸へ行く設定となっています。ありちゃんは、川渡りの場面まで「リュックを持っていく」というつもりをもっていたことになります。その後の授業でも、長い移動の間、ありちゃんはお澄まし顔で赤いリュックを持ち続け、川の前で放すのでした。

『ターザン』で悪者をやっつける

『四ひきのねずみ』のピクニックで意味に応じた行動をしようとし、見えない次の場面に期待とつもりをもつありちゃんの姿をみることができました。このことで、私たちが思っている以上に場面の意味やことばの意味をとらえようとしているのではないかと考えるようになりました。

さて、2学期は『ターザン』に取り組みました。ディズニー映画のドラマチックな音楽を効果に使い、導入に映画の最初の印象的な場面をビデオで流しました。ストーリー自体も活動の組み立ても『四ひきの……』よりメリハリがあるので、悪者をやっつける場面をクライマックスにし、より達成感がもてる活動を工夫しました。

ターザン親子が乗った船が嵐に遭う場面から始まる映像を、ありちゃんははじめから興味いっぱいに見つめました。2回目の授業では、もうターザン人形の登場を期待してドアの方に視線を向けている様子が見られました。

この劇あそびの一つ目の山場は、ジャングルの動物を捕獲する悪者をやっつける場面です。怖

ターザン

がりのみーちゃんは、悪者役の先生が変装するために物陰に隠れるともう泣き始めます。ありちゃんも途端に目をしばたたき始めます。

不気味な音楽とともに、若く元気な悪役先生が大きな声で「こらあっ」と登場すると、子どもたちは怖くて怖くてたまりません。先におとなが剣で悪者をやっつけてみせ、次に子どもにすすめますが、みーちゃんは泣いて逃げ、ありちゃんも身がすくみ、最初は剣を振り払ってしまいました。1時間目はそれ以上迫ることは止めました。ところが2時間目、顔をしかめながら意を決したようにありちゃんは剣を握りしめました。悪者の剣に当てるよう手を添えて教えたところ、かなり葛藤してから、チョンチョンと自分で剣を当て、パッと振り払いました。悪者先生が大きく崩れ転げるのをありちゃんはチラッと見届けました。

「やったー」と大きな拍手を受け、悪者も「ごめんなさい」と立ち去りました。ありちゃんはその不安な場面を自分で乗り越えたわけです。次の楽しいパーティーの場面の始まりを告げるシンバル叩きはありちゃんの役です。ありちゃんはきっと、怖い場面を楽しい場面へ自ら展開する実感をもったのでしょう。

次の時間の授業では、あいさつを始めるやいなや笑いがこぼれ、期待を表しました。そして教えなくても自分で悪者の剣に自分の剣を当てました。こうして「やっつける」手応えを確実にもつことと正比例するようにシンバルを力強く叩くようになっていきました。

この学習でも、どの子にもそれぞれの特別の出番を工夫してつくるようにしました。みーちゃんも、悪者を見てとりあえず泣くものの、だんだん自分から悪者に触りにいくようになりました。日常生活の中ではあり得ない「やっつける」意味をとらえ始めたようです。

「やっつける」活動について

ちょうど公開授業をしていた時で、見学者から「どうして、子どもを怖がらせるのか」「やっつけることを教えていいのか」などの質問がありました。

一場面だけ切り取って見てもらうと、みーちゃんの泣き方は迫真の演技？　ですし、そういう疑問も出ると思います。学習の1時間目に悪者が大声で登場し、子どもたちに強く「怖さ」を印象づけたという反省もあります。

しかし、昔話や童話でも「やっつける」ストーリーは多々あります。正義を説く道徳めいた意味もありますが、そこには不安を高まらせつつ子ども自らが主人公になりきり、不安な世界を克服するイメージの世界があります。また、人間のおかしさや優しさにも出会う豊かな世界でもあると思います。

「やっつける」ことを教える学習ではなく、自分で不安な場面を乗り越えていく実感、ストーリーの主人公としての手応えを感じ取り、ストーリーの中で値打ちある意味をつくる自分と出会うのに「やっつける」活動は大きな意義があると押さえています。念のためですが、物語のおもしろさは「やっつける」ことだけではなく、冒険するなど非日常の世界に飛び立つことや、逆に何気ない日常生活の中での、ほのぼのとした情景や感情交流を再発見する、など実に多彩です。けれど、発達的には、見えない次の世界を予測したり、イメージでとらえる力をもち始めていても、障害ゆえに「見えない向こうの世界」、「不安な世界」を探索する経験をもちきれない子どもたちだからこそ、「やっつける」活動も含め、より情緒的な感動をもって自分に出会うストーリーと活動の構成が必要なのではないかと考え、こうした劇あそびに取り組んできました。

おむすびころりん、すっとんとん

2年生の1学期、4人の子どもたちと『おむすびころりん』に取り組みました。

拍子木を打ち付けると笑い声を出し、「待ってました」とでも言いたげなありちゃん。始まりはビデオプロジェクターを使って、お話を語ります。大型紙芝居といったところでしょうか。ありちゃんは、授業を重ねるにつれ、タオルを振って下を向いたり画面を見ないことが多くなりました。でも、おむすびが転がる場面や餅つき、おじいさんがおみやげをもらう場面では、必ずといっていいほど画面を見ているのです。決まった語り、決まった場面に期待と予測をもっている様子でした。

語りの後、部屋が明るくなり、みんなで「おーい、おじいさーん」と呼びます。「おじいさーん」と言うだけでどの子もニコニコし始めます。子どもたちはみんな、生活の中でおじいさんに可愛がられているので、この「おじいさん」はうれしい響きなのですね。

おむすびころりん

登場してきたおじいさん人形役の先生が、一人ひとりにあいさつにまわります。握手を求めると4人とも、そう、1年生のたっちゃん、いっちゃんも人形の手をうれしそうに握りしめます。

山に見立てたすべり台に登って、おじいさんがおむすびを落とすところにも4人の視線が集まります。おむすびが転がった先の衝立からネズミ人形が出てきて「♪おむすびころりん、すっとんとん……」と歌います。この唱え歌が聞こえるとみんなの顔にまた笑みがこぼれてきます。期待を高める繰り返し、というだけでなく、なつかしいような音のひびきと間合いがあり、ことばの意味をこえた情緒の世界へスッと子どもたちを誘うのかもしれません。さて、おじいさん人形も転がってみせ、次に子どもたちもすべり降り、ネズミの国へ行くのですが、子どもたちはすべる活動だけでなく、衝立の向こう、ネズミの国での餅つきを最大の楽しみにするようになっていきます。

魅力的な「餅つき」

このストーリーの山場、ネズミの国では、本物のミニ臼を使って餅つきをします。臼にはお餅そっくりの布クッションが入っており、長いめん棒でつきます。たっちゃんは、餅が大好きで触ってかじりたくて仕方ありません。「♪もーちつきペッタンコ」の歌に合わせて、ネズミ役の先生が餅をつくのをありちゃんは興味いっぱいに見つめます。めん棒を渡すとすぐに持ち、やる気は満々。杵を臼にコツコツと当てて見せると、ありちゃんもめん棒をトントンと臼に当てました。「トントンしたねえ！」と口々にほめられ〝キャハハ〟と笑い出し、友だちが活動している間も笑いが止まらないほど満足げでした。

次の時間は、友だちに横からめん棒を取られて泣いてしまいましたが、その次は参観している母の前で緊張しながら自分からめん棒を臼に当てました。ところが、次には、先生の見本をよく見て、少し考え、めん棒を臼ではなく餅に押しつけてきました。臼ではなく餅にめん棒をあてることがわかり、周りから「お餅をついたねえ」とことばで返され、自分がした行動の意味を実感をもって理解し、さらに自信をもったようです。最後の授業では自分で餅をつきました。

餅つきは、療育教室や保育園、そして学校で1年に1回の季節行事となっており、ハレの行事として心騒ぐ特別の値打ちが子どもたちにも積み上がっているようです。けれども餅つき活動だけを切り離して〝つもりあそび〟として取り組むのとは異なる世界が劇あそびにはあります。「むかーし、むかし……」から始まる独特の語りとストーリーに沿っての場面展開があり、その中で意味づけられた特別に魅力的な活動となっています。子どもたちはワクワクと期待を高め、活動へのあこがれを強めますし、だからこそできたことの意味をとらえ、できた自分をとらえる価値ある学習となっています。ことばの意味と活動とをつなげて理解し始めたたっちゃんも、ありちゃんが餅をついた頃、餅に直接手を伸ばさずにめん棒を餅のあたりに打ち付けるようになり、いっちゃんもめん棒をなめずに臼に打ち付け始め、二人ともとてもうれしい表情になりました。ありちゃんの姿はたっちゃんやいっちゃんにも大きな影響を与えたようです。

ことばを獲得する主体者、そしてことば文化の視点

このように、昔話を題材に劇あそびの手法をとることで、具体的な活動を通した場面展開と意味づけが可能になります。日常生活のなかでは、主体的な行動をすることが困難な重度の障害児も、自分で活動して「……できた」という実感をくぐらせ「……できた」自分に出会っていきます。それは、その場面がもっている情感とともに活動の意味をとらえることであり、自分で場面の意味を展開させたり変化させることにもつながっていきます。

ありちゃんにとってはまた、指を出すことが特定の意味ある表現となっていく経過でした。初めは緊張していたすべり台すべりも、衝立の向こうのネズミの餅つき活動への期待と見通しをもち始めることでだんだん受け止めることができ、「もう1回する？」で笑って指を突きだす姿として現れ

てきました。最後の授業では、ありちゃんはおじいさんを指さしただけでなく、いっちゃんが何回もすべり台の階段側へ這っていき「すべりたい」と要求する姿を見て、すべり台を指さし続けました。

通常、8、9か月頃からおとなの膝の上で赤ちゃん絵本に興味を示し始め、自分で目の前の世界を探索し始めます。こうしたことに大きな制約がある重症児だからこそ、繰り返しと起承転結が明確で、情緒的な山場をもつストーリーをもとに、大きな達成感が得られる活動を設定することが重要だと思います。そして、自分で活動やことばの意味をとらえ、活動の主人公としての自分をとらえ、「もっと私は……したい」と自我をふくらませていく学習が必要と考えます。それが、ことばを人格として獲得していく過程ではないか、もちろん、すべての学習において達成感と意味を伝達する視点は必要ですが、ことば文化を伝える責任としてこの劇あそびを位置づけてきました。

その後のありちゃんは、『エルマーのぼうけん』『三びきのこぶた』『スイミー』と成長を続けます。最近、毎日取り組む訓練の後半に、座位をとりながら読む絵本のベスト5に『おむすびころりん』が入っています。三冊提示するとありちゃんは、見比べて自分の手でタッチしたり指さして決めるのです。どの場面で喜ぶか？って、ご想像どおりです。

友だちを意識し、「難しいことをしたい」

たっちゃん、いっちゃん、なっちゃんを意識し始めたありちゃん。3年生の時は、気になる女の子が二人いました。前年度は隣のクラスでしたので、利害関係はなかったのですが、4年生になって同じクラスになりました。この二人、はっちゃんとちーちゃんは［朝の会］で「名前呼んでほしい人？」と聞かれると、いち早く返事をします。名前を呼ぶとはっちゃんは〝ハー〟と返事し、ちーちゃんは片手をあげてじょうずに返事をします。それをみんなでほめていると、こちらを睨みつけるありちゃんのこわーい目に何回も出会いました。確かに、ありちゃんの返事は、緊張すると声が出るまで時間がかかるし、わかりにくい時があります。

1学期の『三びきのこぶた』で、3種類の家づくりの活動を設定しました。〝木の家づくり〟の場面で、教師の「誰がする?」の問いかけに、ありちゃんは自分の鼻を指す動作をしましたが、ちーちゃんに出番がまわりました。ちーちゃんが活動している間、睨んでいたありちゃんは、とうとうちーちゃんを指さして泣き出しました。それを私たちも「私がやりたい」強い要求ととらえて、次に順番をありちゃんにまわしたところ、ありちゃんは思いっきり力強く木槌で屋根を打ち付けたのでした。

次の授業では、手術入院から戻ってきたはっちゃんが〝ワラの家づくり〟でワラを屋根に置き、じょうずに指を抜き取ってみせ、その姿をありちゃんは鼻を指しながらジッと見つめていました。その後、ありちゃんはちーちゃんやはっちゃん、他の友だちの活動を必ずと言っていいほど指さして注目し、〝木の家づくり〟だけでなく、〝ワラの家づくり〟、そして〝レンガの家づくり〟とより難しい操作にチャレンジする姿を見せたのです。レンガ(小さい薄板)を持ち、しっかり見て、家の壁にぐっと押しつけて貼ろうとする様子は、授業を始める当初、想像もしなかったことです。

こうした操作は、ありちゃんには少し難しいと思っていました。しかし、ありちゃんは難しいことに挑戦する友だちの姿を見て「私もやりたい」と要求を高め、「私も、できた」という充実感ももったようです。

こうした充実感が、友だちを認める気持ちの育ちにつながったようです。[朝の会]では、ライバルだったはっちゃんやちーちゃんに呼名の順番を笑って譲るゆとりを見せるようになりましたし、休み時間には、互いに近づいて握手をしていたことが何度かありました。子どもたちは、活動のなかで共感関係を深めていたのですね。

学習活動の魅力は、題材自体にあるだけでなく、子どもどうし（もちろん教師集団も）の気持ちの響き合いと高め合いにあります。友だちが活動しているのを見て「やりたい」気持ちを高め、友だちに注目されて達成感がより高まります。おとなにほめられるだけでは値打ちは半分です。就学前において、学校に入るまで生きていけるか、と危ぶまれた重症な障害をもつ子どもたちですが、療育のなかでたくましく育ち、入学してからは学校が大好きになり、学習を通して世界を広げていきます。そして、誇らしい「自分」と大好きな「友だち」を認識していきます。

〝活動の主人公〟としての授業づくりをめざして

子どもたちの1日の流れをみていきます。

登校後は検温、連絡帳での健康観察、水分補給、排泄など学校生活に向かう身体をつくるために大切な時間です。そして、［機能訓練］をしてから［朝の会］（またはその逆）を帯状にとり、毎日、身体をほぐし、目覚めさせ、1日の出会いの時間を大切にしています。

午前にクラスの中心となる学習時間を設定し、子どもたちが心身ともにしっかり学習に向かい、給食をおいしくとることを大事にしており、午後はゆったりと遊んですごす日課となります。午睡をとる子どももいます。

子どもたちの主体的な活動を引き出すメインとなる午前の学習活動は、四領域に取り組んでおり、これまで述べた劇あそびは［みる・きく・はなす］の領域での学習です。1週間に1、2回の取り組みでも、子どもたちに期待感や「……したい」という〝つもり〞を積み上げることが十分できますし、どの子も大好きな［うた・リズム］を週半ばに設定することで、1週間の山場、リズムができ、学習へ向かう気持ちが日々新たに高まります。

どの子も［うた・リズム］が大好き！

ありちゃんもですが、たっちゃんもいっちゃんも、どの子もこの学習が大好きで、準備に手間取っている時にもニコニコと待っています。始まりの『ウンパッパ』を歌い始めると、たっちゃんは拍手をし、いっちゃんも満面の笑みを浮かべて頭でリズムをとります。車いすの上でからだごと横向いていたかずくんもこちらに向き直って、さりげなく視線をおくってきます。ありちゃんなんか〝キャハハッ〞と笑いがこぼれるぐらいです。『ウンパッパ』の曲がもつ開放感と高まりが、子どもたちの気持ちをぐーんと惹きつけるようです。

その後、「♪きみになにやろう、きみになにやろう～」「♪愉快に歩けば歌も弾む～」の2曲で物陰をのぞく教師の姿にみんなの視線が集中します。のぞく前にはっちゃんは手を振り「いってらっしゃーい」を表します。「みーつけた！」「なになに？」の掛け合いで具体的な手がかり（花や蛙など）

を見せて、季節の歌を2曲ほど歌います。

軽快で動きがおもしろい『殿様蛙出世小唄』はとても好評です。「♪ピッピ」で教師の手本を見て、いっちゃんやありちゃん、かずくんも足をあげてきます。こんな楽しい曲だけでなく、しっとりと美しい曲、『雨の遊園地』や『うさぎ』『星に願いを』『一瞬の「いま」を』なども子どもたちは大好きになりました。

『うさぎ』の時は部屋を暗くし、本物のススキを立てかけ、金色の月の動きを眺めるウサギをライトで浮かび上がらせ、ゆっくりと「♪うーさぎうさぎ何みてはねる～」と歌ったのですが、みんな、月の動きを目で追いながら歌に聴きほれてうっとりとした表情でした。

私たちの歌声もいい加減ではダメです。『一瞬の「いま」を』は林光作詞・作曲のおとなにも難しい歌ですが、二重唱のハーモニーがきれいに響いた時は、たっちゃんは思わず拍手をしてくれました。この他、鑑賞曲でもクラシックや世界の民謡など、子どもたちが音楽の情感を感じ取る感性の高さに驚かされることが多々ありました。

しかし、なんと言っても〝楽器演奏〟で、どの子も予想以上に大きな育ちを見せました。ありちゃんは、1年生時、この学習でマラカスを真剣に振り、自信をもち始めましたが、ここでは、こうちゃんとせいやくんのことを伝えたいと思います。

こうちゃんは四肢マヒが強く、「やりたい」と思えば思うほどきゃしゃな全身を突っ張ってしまい、手の動きも反対向きになります。いつも真剣な表情で教師を見つめているのですが、自発的な手の動きを引き出すことが難しく、楽器を持ち続けることが彼にとって最大の表現でした。ところが4

年生の1学期、「マラカス、やりたい人?」でわずかに手をあげました。緊張して握りしめた手にマラカスを差し込むと、振ったのです。それも曲の間中、ずっと振っているのです。曲が終わると、ポトンと落としました。私たちは大喜びをし、口々にほめました。するとこうちゃんは、硬い表情をくずして、なんともうれしそうな笑顔をみせました。この時に、こうちゃんは「ぼくもできる」と自信をもったようです。

その後「やりたい人?」で、こうちゃんはすぐに手をあげることが多くなり、マラカスを何度も振ってみせました。クラスの［朝の会］ではこんなにいい姿はなかなか見せなかったのです。［うた・リズム］は2組と3組の合同で学習しており、集団の高まりとしての値打ちがあるようです。

せいやくんは現在、ありちゃんと同じ4年生です。難治性てんかんの障害をもち、就学前に膝だちや抱っこのポーズを出していたそうですが、発作のコントロールが難しいこともあり、今は見られにくくなっています。しかし3年生の時点で、薬での発作のコントロールがうまくいき始め、よつばいの動きがようやく見え始めました。同時に声かけに顔を向けたり笑ったり、交流の力も見え始めました。

そのせいやくんは、［うた・リズム］の前半では、うつむきかげんで目立たないのですが、マラカス演奏の頃から、こちらをうかがう視線を見せ、はっきりと手が楽器に向かってくることが何度か見られました。マラカスを持たせるとギュッと左手で握りしめ、最初は右手にマラカスをこすり合わせていたのですが、そのうち右の手のひらに当てるようにしたり、左手でマラカスを明らかに振ることもできてきました。自分で音を出す方法を探っている様子で、だんだん音も確かさを増し、持続するようになり、教師が「ちょうだい」と言っても引き戻して放さないほど意欲を示すようになりました。

くらしの中の道具にあこがれ、表現する喜びを「ふれる・えがく・つくる」で

肢体障害をもつ子どもたちは、自分で世界を探索したり、世界を広げていくことに大きな制約をもっています。でも、毎日のくらしの中で、おとなやきょうだいがすることにあこがれをもっていることも確かです。

重症心身障害児の教育において、感覚あそびが一般に取り組まれ、様々なものの感触にふれたり、ダイナミックな遊具あそびを通して全身の感覚に働きかけ、五感を高める活動が多く取り組まれます。こうしたことも大切ですが、通常、4か月頃から周りにほほえみかけ、世界をつかもうと手を伸ばし始めるように、障害をもつ子どもたちも、少しでも「自分の力で」手応えをもって世界をひろげる主人公になりたいと願っており、そうした願いにこたえる取り組みが大切だと考えます。おとなやきょうだいたちがしていることにもあこがれをもっています。この観点で学習を考えると、粉あそびも粉の感触あそびで終えずに、道具を使ってクッキーやホットケーキをつくる取り組みになります。

たっちゃんは粉あそびが大好きで、嬉々として粉を撒き散らし、水を入れると活発に指全部を使っていきますが、口の中に入れたくなって、それ以上遊びが発展しにくくなります。しかし、卵を割ってボウルに入れる、泡立て器で混ぜる、めん棒で伸ばす、などの工程があると、また目を輝かせて、おとながすることをジッと見て、道具に応じた操作をやろうとします。自分がした行動の結果を目でとらえて心を動かし、また周囲から「じょうずに混ぜたねえ」など共感的なことばをかけられ、ニコッと笑います。このようなやりとりの中で、周りの友だちと一緒に「ケーキをつくる」という意味を共有し、また繰り返す中で「ぼくが……したい」という〝つもり〟をもつことになります。

1年生の秋、家でお好み焼きをつくる時に、たっちゃんが出来上がるのを見て待ち、途中で怒らなかったことに両親は感心したとのことです。2年生のスイートポテトづくりでは、お手本を見ただけで理解し、注射器のような道具から芋を押し出しました。

こうした調理活動は、大好きな「食べ物」をつくるので、くらしの中でもっともあこがれやすい活動ですが、他にも野菜を植えて水やりをしたり、花や虫にふれるなど、自然の営みに親しむことも含め、子どもたちが主体者になる視点で活動を考えてきました。

また、表現する自由、喜びをひろげることも大切にしようと、5月の鯉のぼりづくりや7月の七夕飾りづくり、正月の書き初めなど、季節行事を中心に筆やローラー、マジック、のり付け粘土など、様々な手指の自発的な操作を引き出すようにしています。そして、それぞれの作品をみんなの前で見せ合い、自分がしたことをもう1度見て確かめ、みんなに見てもらいほめてもらって「ぼくがした」「私が描いた」という喜びあえる時間を大切にしています。これも、自分のしたことをとらえ、自分に気づき、新しい世界を自分で探索したい要求を高めていくことにつながると考えます。

劇あそびの中で、みずから場面を切り開き、値打ちある意味の主人公になる

周りの世界を自分でとらえたい願いを確かにし、「もっとやりたい」「私がやりたい」という要求をもち始めた子どもたちに、その願いや要求をさらに引き出し、「自分で……した」という達成感、

喜びがあふれる心の動きを伴った意味理解をひろげたいと思います。

通常の子どもなら、共感し合えるおとなを支えに自分からどんどん新しい世界を広げていきますが、肢体障害による制約が大きく受け身になりがちな子どもたちにおいては、主体的な願いを実現することが教育の場でこそ保障されなければなりません。

どの学習においても子ども自身の自発性、「自分がやった」という達成感や教師や友だちとの共感的な響き合いなど、心が豊かに育つことをめざしていますが、特に劇あそびでは、お話のストーリーを背景に、場面の意味が日常生活ではあり得ないほどの魅力をもって浮き彫りになります。子どもたちは次の場面へ展開する主人公になることができます。

すべり台は「ネズミの国へ行く」意味があり、すべることもうれしいけど、その向こうの餅つきへの期待やつもりが伴います。餅つきも『おむすびころりん』の独特な世界ならではの魅力ある活動となります。お話の世界だからこそ、ちょっぴり怖いオオカミや鬼に出会い、やっつける自分に出会うことができます。

さらに劇あそびでは、おとなの意図が直接見えにくく、意図を過敏に感じて葛藤する子どももストーリーの中で動機を高め、自分のつもりや要求として行動することができやすいとも言えます。そして、意図や意味を集団で共有し、「すごいねえ、○○ちゃんが……したねえ」とほめられ、集団的な響き合いと手応えの中、いっそう「私が……した」の実感がもてるのではないでしょうか。

子どもたちの素晴らしい姿、育ちから教えられ、これまで授業づくりをしてきました。文章にすることであらためて、重症心身障害児といわれる子どもたちが、「自分で世界をひろげたい」「自分で意味の世界をつかみ取りたい」と実に主体的な存在であることに気づかされました。これからも子どもたちが、生きいきワクワクと自分を発揮し、より新しい願いを育み、友だちへのあこがれや自分の値打ちを感じ取れる教育実践をめざしていきたいと思います。

【手記　その②】

亜里砂が障害をもち生まれてきたことでわが家は少しずつ変わりました。

入院中、K市に住んでいたわが家は病院に近い大津に引っ越しをし退院を待ちました。

家に帰ってきた亜里砂は抱っこも怖くて、人に何かされるのも怖くて嫌いで布団で寝ているのが一番好き、そんな亜里砂に私は何をしてあげればいいのかもわかりません。

何かしたいと、医大からびわこ学園を紹介して頂いたけれど「今は何もできない」とのことでしたが、大津市やまびこ療育教室を教えて頂き、訪問療育からのスタートができました。そのため、姉も保育園に入園することになりました。姉といっても十か月ちがいで、毎朝泣いていて少し私も辛かったです。

訪問療育で、くすぐり遊びや歌、手遊びが取り組まれ、亜里砂の気持ちを外へ向けていくきっかけとなったと思います。毛布ブランコ……、緊張してしまうけれど少しずつ次が予測できてくるようになって、楽しくなってきたのだと思います。期待して、笑うようになり、こちらもうれしくなり繰り返し遊んでいました。

少しずつ体力のついてきた亜里砂は、週一回の通園→週3回→保育園にかわり週5日……受け入れられる幅も大きくなってきて、現在では週5日の学校に障害児学童、ホリデースクール、長期休みにはサマースクール……とたくさんの活動に楽しく参加しています。

意欲的に取り組んでいく気持ちをもってこれていますよね。とても時間がかかるけれど、その少しずつの成長も私はうれしく思えます。

そういえば昔は意欲ってどうすればもてますか？ って発達相談の先生に聞いていました。それが前はすごく難しかったんですから。

亜里砂の父は朝早くから夜遅くまで仕事だけど、近くにおじいちゃん、おばあちゃんもいてくれて、いろいろ手伝ってもらえるし、美沙稀（姉）もすっかりおばあちゃんっ子！ 母もマイペースなもので、できる範囲で無理なく……だからそんなに大変、大変って感じていないんです。あんまりがんばりすぎると亜里砂も後退してしまうことも多々ありますから……、ハハハ

美沙稀を含め姪っ子やおじいちゃんおばあちゃん、みんなが亜里砂のことを大好きでいてくれるのが母にとって一番心強く感じることです。

（『集団と自我発達』、クリエイツかもがわ）

column

いつまでも繋がっていたい

元滋賀県立特別支援学校教員　森　典子

羽田先生とは三雲養護学校で出会い、転勤されてからは電話で近況交換を年に2、3回、時には食事をご一緒したり、つかず離れずおつきあいさせてもらった。思い出はいろいろあるが、私のつまらない話に耳を傾け、明確な分析と温かい返事をくれる唯一の人だった。

立命館大学の講師をされて間もない頃に、二人でミホミュージアムに行ったことがある。もう約束の時間という時に、「少し待って」と連絡が入る。予定のない日と言っても、常にハードスケジュールの先生はすることがいっぱい。「気がつけばこの時間、大変！」というのが正しい分析だと思う。しばらくして、花模様のロングワンピースに麦わら帽子、若草色のサンダルの羽田先生登場。「ごめんね」とおでこにしわをよせてはにかみ笑み。その瞬間に待っていたことは忘れ、先生の魅力がさせる羽田マジックにかかってしまう。

ミホミュージアムは、草津養護学校の子ども達と絆を深めたところ。春には桜がきれいで見事なことなど、その魅力を聞きながら展示コーナーへ。多様な表現、表情のトラの絵に圧倒されたり、ずっこけたり。勝手な感想を述べあい楽しんだ。昼食は先生お薦め、自然農法による食材で調理されたそばとパスタを注文した。が、しゃべることが先になり、結果、出汁を吸ったボトボトのそばと、冷めてボソボソのパスタをいただくこととなった。〃麺は直ぐに食べるもの〃ということを再確認し、苦笑しながら完食した。本当に楽しい、貴重な1日だった。

治療に専念されてからも笑顔で迎えていただき、大変な状況であることを感じさせない対応をしてくださった。体調について尋ねると、話してくださるが最後に、「話したのは○○さんと貴方だけ」と柔らかい表現でしっかり口止めされた。賢く天然で、優しくタフな先生に憧れ、いつまでも繋がっていたいと思ってきた。今でも、「羽田先生」とつぶやくと、笑顔で振り向いていてくれる先生が私の中にいる。

2 障害児学校における教育課程づくりの取り組み

〈2008年〉

学校づくりとしての研究部の歩み

開校から9年～全校研究から学部研究へ

「養護学校の整備は完了した。もうつくらない」と県が宣言した後、滋賀県立北大津養護学校へスクールバスで片道2時間かけて子どもを通学させていた父母たちが、「我が子に間に合わなくても、大津市南部に養護学校を」と地域の力を結集し10年にわたる運動を続けた結果、1991年に草津養護学校が精肢併置校（現「知肢併設校」―編者註）として開校した。

開校に伴う校区改正により、児童生徒は新入生と県内の3つの養護学校（肢体不自由養護学校1

校、知的障害養護学校2校）に在籍していた児童生徒とで構成され、教職員集団も多数の新任と3校からの教員で構成された。

また、ほどなく重症心身障害児施設第一びわこ学園が隣接地に移転してきたので、常時医療的ケアを必要とする子どもたちなど重症心身障害児と知的障害児を一つの学校で教育指導していくのに、まず集団編成をどうするのか、から話し合わねばならなかった。子どもの実態把握についても、発達や障害などについて共通の観点をもつため学習会や実践検討も必要であった。さらに、知的障害児を指導してきた教員の授業づくりや教育課程の考え方は、肢体障害児教育を蓄積してきた教員のそれとは大きな違いがあり、互いの子ども観、教育観を出し合い、共通認識をすすめる課題が、学校づくりの課題として大きく立ちはだかっていた。

開校5年まで、研究部の前身である教育課程検討部が、発達や障害についての全校研修会を年間2~5回、全校縦割り（発達別）研究会を年間3~6回と精力的に推進した。また同時に各学部独自の教育課程についてテーマを設けて学部研究をすすめた。しかし、厳しい定数の中、教職員の特休、腰痛が激増し、健康問題が浮上した。1994年度は運動会を中止するという異例の事態となり、業務内容が見直され、全校研究会は年1回の実践報告会のみ、全校縦割り研究会は発展的解消となった。

1996年度から教育課程検討部は再編され、教育相談係と教育課程検討係を位置づけて研究部として発足した。以後3年間は、各学部ごとの独自の研究課題への取り組みが中心となり、学部の授業づくり、教育課程づくりは充実したものの、学校全体の教育の系統性が見えにくくなるという負の部分もあった。

しかし、「開校10周年を節目に公開授業研究会を行い、地域との理解と連携を深めよう」との研究部の提案を学校全体が受け止め、取り組んだことで研究のあり方が大きく変わることになった。

10周年を節目に〜ふたたび全校研究へ

1999年度2月に県内を対象に初めての公開授業研究会を実施した。また、それに向けて夏期に白石恵理子氏を講師に招き、発達を学習する全校研修会を再開した。

続く、2000年度11月は県外も対象にした公開授業研究会を実施した。それに向けての夏期全校研修会では、窪島務氏から「21世紀における本校の教育の展望と課題」について学んだ。また公開研の分科会に向けて夏期全校縦割り（問題別）研究会を復活させた。

全校縦割り研究会をすることで、実際に一人の子どもについて小学部時期を知る教師が高等部での成長を知ると同時に、その取り組みの違いを共通理解する機会を得た。また、公開授業研究会の各分科会では地域の関係機関の人々と意見交流し、共同研究者から貴重な助言をもらい自分たちの教育実践を客観視することができ、実践を見つめ直し、見通しをもつ機会を得た。

公開授業研究会に取り組むことが、研究部の全校研究への推進力を高める契機になり、01年度以後、夏期全校研修会においては発達や障害児教育の情勢と課題について学ぶことが定着した。また、全校縦割り研究会は全校発達別研究会となり年2回以上行うようになり、小・中・高の実践を見通す取り組みとして定着した。さらに、「3年に一度の公開研を」という全校確認が、2005年、2008年と公開授業研究会を行うエネルギーとなっている。

このように、実践研究を中心にして全校で研究に取り組む姿勢がつくられてきたこと、地域での本校への理解が広がりニーズも高まってきたことが背景となり、特別支援教育への情勢の中で本校としての教育課程を体系化する必然性が生まれてきた。

本校の教育課程を体系化する取り組み

教育課程の体系化へ～助走の3年間

まず、教育課程を体系化しまとめることへの課題意識を全教職員集団で深める場をもった。特別支援教育への流れが明らかになる中、02年度は越野和之氏より『障害児教育をめぐる最近の動向とその特徴―障害児学校論を中心に』、03年度は窪島務氏より『教育課程づくりの課題』、04年度は白石恵理子氏より『教育課程づくりに向けて、子どもをどう捉えるか』について学んだ。

また、開校以来10年続いた全校研究テーマ『小・中・高一貫した教育課程づくり』を、『子どもたちの豊かな発達をめざす教育課題を明らかにする』に変えた。これに伴って、各学部の研究を、各部独自の課題研究から、全校共通のテーマ研究にリンクさせ、教育課程検討へとシフトさせた。さらに04年度は研究部内の組織として分かれていた教育課程検討係と研究推進係を教育課程係に一本化し、部内活動および各学部研究の推進の集中化をはかった。

その際、教育課程をまとめることは、「教育課程表づくり」を目標とすることではなく、子どもの姿をどうとらえ、どう課題を設定し、どのような教育内容を編成するのかが大切である、との考え方に立ち、授業づくりや実践研究を基盤として研究をすすめる視点を大切にした。

そこで、各学部のグループ別に事例研究や授業研究をすすめ、子どもの教育課題や教科領域のねらいについて検討し、それを全校発達別研究会でもち寄って学部を超えた論議をした。

ところが、「みんなでつくる教育課程づくり」として各学部の主体的な研究活動を重要視したため、まとめ方やまとめる進度の違いが明らかになり、また「教育課題」という概念の共有や子どもをとらえる視点、特に発達の視点について共通認識を深める課題が見えてきた。

研究部としても、子どものとらえ方や教育課程づくりの考え方について研究部から積極的に提起することと、全校での論議を集約し練り上げていくことの双方向の模索をし、03年度に「教育課程」という概念を共通認識するための文献学習を研究部内で取り組んだ。また、部員が各発達別小プロジェクトに分かれ、発達の視点を中心に障害や生活年齢を加味した『教育課題の視点表（試案）』を作成した。

これらを研究部内資料にとどめず、次年度には、全校として『教育課題の視点表（試案）』を参考にし、実践検討を介して「教育課題」について検討・論議をした。また「みる・きく・はなす／ことば／国語」の系についての検討も全校テーマとし、実践研究をすすめた。

この2つのテーマについて各グループ、各学部、全校発達別研究会へという流れで、全校で研究をすすめる方法が確立し始め、また研究部内でも教育課程をまとめる全体イメージを明らかにする論議が活発になった。そこで、さらに3年間の「教育課程の体系化」の研究を全校提案した。

３つのプロジェクトによる体系化への試み～文化のくくりに即した実践研究を軸に

05年度より、３年間の目標で（実際は４年間）本校の教育課程全体をまとめることに全校として取り組んだ。

方法として、１つは研究部内に【教育課題】【集団編成】【教育内容】の３つのプロジェクトをつくり、本校の教育実践を基盤に各々のねらいにそって提案を作成することに集中した。それまで研究部に位置づいていた教育相談係は、地域のニーズの高まりにより教育相談部として独立することになり、研究部員全員が各プロジェクトに位置づき、教育課程のまとめへエネルギーを集約した。

２つ目は、【教育内容】プロジェクトからの提起により、全校研究テーマとして７つの文化内容のくくりについて３年計画で順次に実践研究をし検証することを試みた。各学部のグループで実践研究をし、それを全校発達別研究会で報告し合い、その文化のくくりの意味や実践のあり方について、具体的に共通確認をはかった。

３つ目は公開研究会をしたことである。体系化のスタートである05年度に公開研究会をし、まとめ時期の08年度にも公開研究会をすることで、地域の関係機関や参加者、共同研究者から意見・助言を得、研究の推進力を高めることができる。実際、05年度の公開研究会の各分科会において、子どものとらえ方や教育のあり方について、具体的で客観的な意見をいただき、後述するように多くの力を得たのである。

教育課程の体系化の実際

【教育課題】プロジェクトについて

教育課題とは、子どもの障害・発達・生活年齢（あるいは生活実態）から子どもの全体像を把握し、教育の目的や論理に即して、個々の子どもや各学習集団の課題として捉えたものであり、それは各学習領域での目標・ねらいに反映されることになる。そこでまず、児童・生徒の〝教育課題〟を正しく捉えることをめざした。

スタートして2年目までは、発達段階ごとの中心課題、および「健康・生活」「運動・動作」「ことば・認識」「社会性・人格の形成」の項目ごとに小・中・高等部のつながりと違いを明らかにしようと試みた。しかし、項目が多いと網羅的になり全体像が見えにくくなるので最終的に中心課題を明らかにすることにした。

中心課題とは、「発達、生活年齢、障害の観点から、教育的な課題としてその中核となるもの」であり、認知面や運動面等での力のアンバランスさが見られる児童・生徒の実態に対して、子どもの中にある「発達の原動力」＝「能力を使う主体としての力」に着目して、「社会性・人格の形成」と「ことば・認識」の観点を中心に設定した。この際、発達的視点にくわえて、障害や生活年齢に寄って表れやすい姿を具体的な子どもの姿から明らかにしつつ、中心課題を引き出し、教育指導での手だても明らかにするようにした。

【集団編成】プロジェクトについて

本校は学部ごとに集団編成論議を行ってきた経過があるが、基礎集団は全学部とも発達段階別となっている。また、障害にも視点をあてた工夫をしている。これは、対等な友だち関係の中で子どもたちの主体的な育ちをめざしてきた結果ではあるが、これらを事例検討などを通して、本校の集団原理としてとらえ直し、体系化しようとするのが本プロジェクトの役割である。

【教育課題】プロジェクトから提案される「中心課題」について、とりわけの発達の視点について研究部全体で共通理解をし確認をしながら、【集団編成】プロジェクトの取り組みをすすめた。

例えば、「1歳半の節目」とか「2、3歳ごろ」とはどのような発達であるのか、と意見を出し合う中で「1歳半の力を豊かにするとは、次の発達段階への移行期である2歳半ばまでをていねいに見通して取り組まねばならない」ことを理解し合う機会となった。また「5、6歳での中間項、すじ道の萌芽が、9、10歳の文脈をとらえ、相手の気持ちをとらえて自己を客観視する力へとなるが、7、8歳はまだ現実吟味が十分にできないから、大人の意見に影響されたり揺らぎがちになる」ということも学び合った。

こうした部員相互の学び合いを通して、実態としてある発達別集団の意味を整理していく経過があった。

また、集団編成における障害への視点も検討した。

学部によって実態の違いがあり、小学部では肢体障害と知的障害（知的では低学年・高学年にも分けている）に分けているが、中・高等部段階では2、3歳以降は知肢ミックスである。そうした実態の違いが子どもたちの成長にどのような影響があるかを事例をもとに検討した。

概括すれば、話し言葉獲得期以降は、言葉の操作力（言語を発しない場合も）により、知肢の育ち合いが可能となる。肢体障害の子どもにとって知的障害の子どもたちの行動力や言語力は葛藤ともなるが、一方で要求や表現力を高める原動力となっている。しかし、小学部段階において、肢体障害のクラスで自分の動きのペースで行動することを十分に実現し、達成感を得、友だちと育ち合ってきたことで、中学部高等部での知肢ミックスクラスで力を発揮できるようになったとも言える。

今後、学習に応じた合同の取り組みや、中・高等部での学年集会、文化祭劇発表での縦割りグループなど、障害や発達の幅が広い集団での取り組みの意義を明らかにし、「多様な集団での育ち合い」の教育的必然性を明らかにする課題が残された。

【教育内容】プロジェクトについて

まず〝教育内容の全体構造〟をどのように提起するかに大きな課題があった。

また、「文化」の視点で、これまでの本校の教育実践を整理することがどこまでできるか、という課題意識があった。

「文化」、と言うと何か抽象的で観念的なイメージをもってしまうが、実際、教育実践の中身を具体的に見ると、すべてにおいて文化的であり、これを、既成の「教科」概念からではなく、子どもたちの発達に必要な文化を体系化する観点で、これまでの本校の教育実践を整埋していきたい、と考えた。

【教育内容】とは、「広義には、教育活動において、学習者が習得することによって人格発達に結びつくと考えられる文化の領域とその内容（社会的適切性の原理）であり、かつ人間的能力の発達の必要から選択された領域と内容（教育的適切性の原理）を指す」（『障害児教育大事典』「教育内容」玉村公二彦、1997）とある。

これに大いに励まされ、まず、【教育内容】の構造を3つの領域でおさえた。教育学上は通常教育では教科と教科外の2領域制であるので、これに依拠し、自立活動を加えて3領域とした。

具体的には「7つの教科内容の区分と系統性」と「総合的な活動・学習」、「自立活動」であり、これらが相互に関連し補い合うことで子どもたちの豊かで民主的な人格の発達をめざす、とした。つまり、「教科」の背景でもある「文化」を意識するために、玉村氏が分類する「7つの教科内容の区分と系統性」の各内容を参考に研究をすすめることにした。

「7つの教科内容の区分と系統性」とは、「身体・健康」「芸術・表現」「言語」「数量・算数」「自然認識」「社会認識」「生活技術」であり、これらの系について、これまでの各学部の教育内容を系別に、および発達別に具体的に吟味検討し、構造化を試みた。

7つの区分や名称を取り入れたのではなく、玉村氏が挙げている区分の「内容」を実践を介して、発達と障害、生活年齢から吟味・検討をしたのである。以下、「言語の系」と「芸術・表現の系」について具体的にみていく。

• **【言語の系】**（**みる・きく・はなす／ことば／国語**）

「言語の系」について、玉村氏は「話し言葉獲得の段階以前から、書き言葉駆使の段階までの『国語』の系列が存在する。初期言語獲得の段階でも、言語活動の教育として教科の成立以前からの蓄積は必要とされる。話す・聞く・読む・書くの言語能力の発達の促進、その後のこくご・国語などの教科としての設定により母国語の使い手としての能力を形成し、児童文学をはじめとする文化遺産にアクセスすることが発展的に求められる。また、生活表現という観点からは生活綴り方的教育方法などの価値も見逃せない」と述べている。

これを、初期言語獲得の段階においては、お話や物語の世界へアクセスしていく力としてどう考えるか。ことばのリズムや語り、場面がもつ情動性を感じる力（ことばへの感性）、また具体的な場面や行動を通して意味を理解していく力ではないか、と実践の事実、子どもの姿を語り合って、確かめ合ってきた。

また、自閉的な子どもたちは、イメージすることや場を読むことが不得意と決めつけていないだろうか。本校での自閉的な子どもたちは、小学部時期にクマ役やオオカミ役の教師との追いかけっこや忍者ごっこ的な劇あそびを友だち集団とたっぷり楽しんで育っている。友だちと一緒にワクワクドキドキした感情やイメージを共有し、お話への感性を豊かに積み上げることで、コミュニケーション手段の広がりや物語世界へアクセスする力となっていくことが事例を通して話された。

発達段階5、6歳以上の発達別分科会で話されたことも興味深い。高等部において、さくらももこのエッセー「物をなくす」に取り組んだところ、自分達の体験と重なり身近で親しみやすく、生徒達の読書意欲につながった、また「うっかり者？　しっかり者？」の話し合いで自己認識や他者認識が深まったことが報告された。その後、2学期の古典『枕草子』では、平安時代を想像する導入（おじゃるまるの「雅な時代やなあ」など）をし、ホワイトボードに絵を描いて当時の季節感・美意識を現在に引きつけて解釈する授業を通して、子どもたち自身が日常の中に『枕草子』のイメージを想像し、美意識を発見し、自ら古典語を使う喜びを発見する過程が報告された。中学部からも、自作の詩を友だちと互いに解釈し合い、批評し合う中で自身の表現を変え、友だちへの認識を変えていった実践が報告された。

白石恵理子氏は以下のように助言した。

①この時期、中学部の詩の実践や高等部のエッセーのように「ボクの中にキミがいて、キミの中にボクがいる」という世界をどれだけ積み上げるか。相手のことや相手の生活を知る、など相手の見えない部分の感じ方・見え方、価値観も含めてわかったり、共感し合うことは大切である。

②古典やエッセー、漢字文化、などこれまでにない文学教材に出会うことは思春期、青年期の誇りをくすぐり、表現意欲を高める。

③ことに、古典においては想像力や「昔の人もこう考えていたんや」がキーワードとなっており、思春期の子どもたちにとって日頃ストレートには出せなくても1200年前の世界だからこそ自分の感じていることを出しやすい。さらに古文や俳句は言葉のリズムや響きが心地よく、言葉の意味理解が苦手な子どもでも気持ちよく入れる側面がある。

これらは、08年度に5、6歳と7、8歳の教育課題を検討するときに明らかになったことと重なり、実践に生かすべき貴重な助言である。

- **【芸術・表現の系】（音楽・美術）**

06年度は1学期に［うた・リズム／音楽］の系、2学期に［ふれる・えがく・つくる／図工／美術］

の系の実践研究に取り組み、各々を全校縦割り研究会で交流・論議した。

玉村氏によれば、［芸術・表現］は「［ふれる・えがく・つくる］［図工］［美術］などの系列と、［うた・リズム］［おんがく］［音楽］の系列がある。個々の子どもの感動を重視し、それを契機としての現実の諸事実を感性を通して読み取り、表現するなかで、感性を深化させるという美術教育や芸術教育の本質を念頭に置く。音楽、美術、演劇などの芸術にふれ、また自ら表現主体となるなかで現実を豊かなものとする」とされる。

音楽や美術を全校の研究テーマとすることは初めてのことだったが、どの発達段階のグループ研究、全校分科会でも大変楽しい授業交流と話し合いをすることができた。

音楽的な場合も美術的な場合も共通して確認できたのは、「美しいものを美しいと感じる感性」を豊かにすることがより本質的なねらいとなる、ということである。そのためには子どもの心を揺さぶる感動体験に出会わすこと、そして子ども自身が表現主体としての技術を獲得することでさらに感性を深化させる視点が大切となる。その取り組みのためには教師自身の感性を磨くことが問われる、などを共有することができた。

例えば、音楽的な感動を与えたり、音楽的感性を揺さぶるには題材の魅力が大きい。

さらに、生活年齢の要求、思春期のプライドをくすぐる題材選択は大切である。

小学部低学年知的重度の総合学習［うた・リズム］では、子どもたちが「ラッセラー」とかっこよく打って見せる教師に魅せられ、「やりたい」と群がり、つたないけれども「ドーン、ドーン」「カッカ」と打ち分けようとする姿がある。身体の内側に響いていくる和太鼓そのものの魅力と、お手本の魅力に加え、3～4種の打ち分けや最後の「ヤーッ！」のポーズがあることがこの取り組みの値打ちとなっており、音楽文化の伝達の場となっている。

　このように題材そのものがもつ魅力とともに、あこがれて真似たい、難しいけどやってみたい打ち分け、など発達年齢2歳過ぎの子どもたちへの発達的観点も重要である。

　同じく小学部の重度肢体障害のある子どもたちも、自分一人では十分に演奏できなくても、大きな太鼓やマリンバにあこがれ、自分の力でできるだけ演奏しようとする姿を見せている。また短調や途中で転調するような情緒あふれるメロディやクラシックに耳を傾け嬉しそうにするなど、豊かな音楽的感性が確かめられ、なおさら豊かな題材の吟味が必要であると確かめ合った。

　中学部の4、5歳の発達段階のグループの［音楽］『花笠音頭』の取り組みでは、自閉症の子どもたちが多くいるので練習の仕方を工夫し、太鼓打ち、歌い手、踊り手、と分けてパート練習で苦手意識を克服しながら、みんなで補い合って表現する喜びを体験させた。障害に応じて取り組みの工夫をしつつ集団全体で創る喜びをねらう観点は重要である。

　また、中学部、高等部時期になると、「大人の世界」や「恋愛」「異性」へのほのかな憧れもある。少し大人びた歌を選曲すると、中学部入学時は乱暴であったある男子生徒は、それまで人前では歌おうとしなかったのに『太陽がくれた季節』を歌うようになった。思春期のプライドをくすぐる題材選択も大事となる。

　さらに、認識力が高まるにつれ、歌詞の意味がわかって歌唱したり、楽譜を読んで他者と演奏を合わせることが楽しめ、他者と〝音楽のすばらしさ〟を共感できるようになる。5、6歳以上の発達段階では、音楽が自らの自己表現の一つになり、自らが周囲を感動させる表現の一つにもなる。

　高等部には小・中学校時代に歌うことや楽器演奏は苦手と決め込んできた生徒が多くいるが、［音楽］

の授業を通していつのまにか〝音楽〟を楽しんでいたり、余暇の潤いにつながるケースがある。さらに歌うことで周りを感動させていることを実感したことで、積極的に授業に臨むようになった生徒の例もある。

このように具体的な実践での、子どもたちの生き生きとした姿を語り合うことは教師の喜びであり、その実践の奥にある本質的なものを共に見出し合うことで、個々の実践が連なり、次へ展開するエネルギーとなる。

［芸術・表現］の研究を進めた06年度の3学期、全校研修で、県内美術館の学芸員に「美しいものを美しいと感じる心」について話してもらった。このことがきっかけとなり、NPO等を活用した実践研究として、その後2年にわたり、プロの芸術家との連携授業を行うことになった。音楽家や舞踊家、陶芸家、また学芸員が、子どもたちに本物の芸術に出会う喜びを体感させ、それまでにない力をも発揮させてくれている事実に教師たち自身も感動し、授業の質を高める契機となっている。

以上、子どもの事実から文化を伝える意味を確かめ合った一部を記述したが、［身体・健康］では、楽しみながら自らの運動・機能をこなす視点や集団の意義が話された。また［自然認識］［社会認識］では、重度の子どもたちにおいても、〝散歩〟で自然の変化をとらえたり、［ふれる・えがく・つくる］で物の変化に期待したり考えるなど、これらの教科区分の内容の系統性をもった視点をもつことで豊かな授業づくりにつながることが実践を通して確認された。

今後に向けて

開校当初104名の児童生徒数が、18年目の今年、242名となり、ますます実態が多様化し、大規模学校としての問題も肥大化している。しかし、開校当初から、子どもたちを主人公にした教育実践づくり・教育課程づくりに努め、また進路や教育相談の努力もあり、地域の本校への理解が徐々に深まり、広がってきている。本校の学校づくりは、「教育実践づくり・教育課程づくり」とともに歩んできたと言える。

特別支援教育への流れの中で、本校としての教育を確かめるために、02年度から全校研究として〝教育課程の体系化・まとめ〟に取り組んで、8年目に入った。今年、08年8月に全校教育課程報告会をし、これまでの経過と、5、6歳の発達、7、8歳の発達における【教育課題】【集団編成】【教育内容】の報告をした。

事前に研究部において、【教育課題】を中心に検討し、【集団編成】や【教育内容】と連動させる試みをしたが、十分とは言えない。報告会では活発に意見が出たので、2学期はこれらの意見と、学部研究レベルでも吟味・検討をし、それを集約して、最終的な仕上げをしていくことになる。

教育課程は、子どもたちの実態や教育実践の蓄積の質により、発展し変化していく部分もある。しかし、今回の〝教育課程の体系化・まとめ〟を通して、何より「教育実践づくりが楽しい」「目の前の子どもたちに何を大事にするかわかった」などの実感を少しでも教職員集団として共有できたとしたら、大きな成果である。そして、このことを通して本校の教育課程の本質的な理念を共通認識できることが大切であろう。

●子どもの内面の声を聞き、内面の育ちを大事にする。

子どもたちを機能別に、また障害に特化してとらえるのではなく、まるごとの人格としてとらえる。そのために主体として発達しようとする子どもたちの真の要求をとらえる目を、教職員集団は絶えず鍛え合う必要がある。

●子どもたちは、友だち集団の中で育つ。

友だちと育ち合う中で自らに要求に気づき、自らの価値を感じる。また友だちの値打ちや心に気づくことで、自らを高め、自らを見つめる力となる。何よりも、友だちと共感し合い、つながり合う力は生きる喜びであり、人格形成の基盤となる。その表裏の関係として教職員の集団づくりがある。

●学校教育の責任として、それぞれの発達段階において、学ぶ喜びを広げ、文化を楽しむ力を育む。そのために、文化の系統性に発達、生活年齢の系統性を連関させ、理性的に、そして情熱をもって絶えず実践を創造していく教職員集団の育ち合いが必要である。

(障害者問題研究36巻2号)

大好きなはだせんせいへ

元滋賀県立特別支援学校教員　よしだ　せつこ

先日、草津養護学校の創立10周年研究紀要『あゆみ』を読み返す機会がありました。開校から10年目にまとめられた『あゆみ』には、教育実践とその研究だけではなく、学校づくりに関わる課題や分掌のとりくみがまとめられました。子ども達の豊かな育ちを追求するとき、日々の教育実践にあわせ、その土台づくりのとりくみがいかに大事かということ…。そして教職員や保護者が試行錯誤しながらも手をとりあって学校づくりに向かっていった歩み。これを記録として残すことへの思いが、研究部長であった羽田先生の編集後記に、思いを込めて記されていました。

沢山の学校課題が次から次へとありましたね。職員会議ではいつも一番前に座り、必ずといっていいほど発言をしていた羽田先生。その後ろ姿が今でも思い出されます。「子どもにとって」を枕詞に、若い先生達にその課題にどういう意味があるのかをわかりやすく伝え、議論を起こしていましたね。運営委員会では、研究部長として、運営委員として、時には管理職や県教育委員会からの提案にもしっかり対峙し意見を述べる…その羽田先生の発言は、沢山の論議につながりました。「教職員みんなで一緒に考え論議を共有すること…大変だけれど、これが学校をつくっていくということ」。そうですよね、はだせんせい。

そう、それと学校の枠を超え、今の社会を考えることも一緒にしましたね。学び、話し、つながり、少しずつ一緒に考えることの心地よさを感じていったように思います。この頃、「はだせんせいがなんか変わっていく～」そんな風に感じたのは私だけでしょうか。新幹線駅が栗東にできるかもしれない…という時、電話の向こうの年金暮らしの方と税金の使い方のおかしさを話しながら、相手の言葉にもじっくり耳を傾け、相手の置かれている状況と自分の伝えたいことをつないで相手が理解納得できるまで話す…。「いや～30分も話してしもたわ～」と、そばにいる私たちに伝えるときのあの笑顔、清々しくかわいかった。おこがましいけれど、「いくつになっても人間は発達する」を羽田先生に感じたひと場面でした（蒼空できっと苦笑いしているかな…）。

はだせんせい…子ども達の輝く笑顔と発達を限りなく願い追求する羽田パワー、ほんまにすごかった。ぶつかることや「もぉ！」と思うことも何度もあったけれど、私たちにとっては、草津養護学校つくりのなかでつながり一緒に育った、大切なたいせつななくてはならない存在です。

花瓶に挿しきれないみもざの花。羽田先生から届いた思いやり、ありがたかった。花や木々や自然の恵みに感動し、力をもらう。5月の連休明けに頂いた、聖さんと一緒に山で摘んでこられたこごみのおいしかったこと。

はだせんせい、いっぱいの愛をありがとう。

3

［朝の会］で学校生活と出会い、友だちと出会う！

〈２０１１年〉

入学して、［朝の会］で学校生活と出会う！

重症心身障害児といわれる子どもたちと30数年の時を共にしてきましたが、子どもたちはなんて［朝の会］が好きなんだろう、としみじみ思う日々です。

11年前に入学してきたありちゃんもそうでした。一人で座ったり移動することが難しく、バギーに座っていてもショボショボの目でうつむき、片手でタオルを振り続け、もう片方の手で頭をポリポリ掻いていたありちゃんは、周りの世界から自分を遮断しているように見えました。新しい環境や初めての人に対して緊張して泣いてしまう、と入学前に聞いていました。

入学式はなんとか泣かずに過ごした翌日の［朝の会］のことです。『ビビデバビデブー』の替え歌を高らかに歌って始めるとこちらにチラチラと視線を送るありちゃん、「お名前、一番に呼んで欲しい人？」で目をしばたたかせながら、しばらくして人差し指を突き出してきたのです。名前を呼ぶと顔中をこわばらせ目をさらにパチパチとしばたたかせ、息を吸いながら〝ガガガ〟といびきのような音を出して返事をしました。その後のありちゃんの素晴らしい育ちは別に譲ります(本章1)。ありちゃんだけでなく、すべての子どもたちが小学部に入学して、まず［朝の会］が大好きになります。

考えてみれば、就学前の療育教室や保育園から〈学校〉へ入学することは、子どもにとっては環境も人との関係もすべて変わり、全くわからない世界へ来たようなもので、不安で一杯になり、視線をそらし緊張で固まらざるを得ない状況なのですね。なんとかお座りができても窓の方をポーッと見ていたたっちゃんや、とにかく教室の外に這って出ていこうとしたいっちゃんも、教室にいることを拒否して外を指さし「お外に行きたい」と主張し続けていたあかねちゃんも、この明るい歌声と名前呼びを大切にする［朝の会］がまず大好きになりました。

［朝の会］は、入学してきた1年生にとっては学校生活との出会いの場、また年上の子どもたちにとっては学校生活の1日の始まりの場であり、明るく気持ちが伸びやかに解放される歌から始めるようにしています。『ビビデバビデブー』や『おおブレネリ』、この歌は「♪ヤーホー、ホトララ…」と担任団が恥ずかし気もなく高音の声を張り上げざるを得ませんし、最近では『ノニクリ・フニクラ』のカンツオーネ風の曲に子どもたちの名前を織り込んで元気に歌っていますが、この突き抜けた明るさが子どもたちの心を解放するようで、みんなニヤニヤし始めます。

この始まりの歌に気持ちを向けてきた子どもたちに、『ホ！ホ！ホ！』の歌で名前を呼び、その子どもなりの返事をじっくり待つと、いったん顔をそらしたり後ろに背を向けても笑い出したり〝アッ〟と声を出したり、こちらの手にタッチしたりして必ず返してくれます。歌の後半での「♪ホホホ、ゆれゆれ…」に合わせて両手を揺すってもらう楽しさを期待していることもありますが、心をこめて名前を呼び、その子なりの返事をじっくり引き出すという出番は、どの子どもにとっても値打ちある出番であることを子ども自らが気づくのです。

［朝の会］は、学校が、学校生活が「何か楽しいぞ」という気持ちを抱かせ、それぞれが返事をする自分に気づき、友だちの姿に意識し始める場としても貴重な取り組みです。

自分と友だちを意識し、学校生活への〝つもり〟を豊かに広げる！

この［朝の会］はさらに子どもたち一人ひとりにとってのかけがえのない活動として発展してきました。

ある年、転入してきた子が言葉や身振りで表現し、イメージや見通しの力をもつので、当番という役と日付カード貼り、学習カードを時間順に枠に貼る、という活動を［朝の会］に加えました。ところが、この活動に意外なほど他の子どもたちが意欲を示したのです。

タクミくんは、チラッと視線を向けるもののよそを向いて〝アー〟と唸って自分の世界に入っているかのように振るまい、思いを表現することはとても不器用なのですが、朝の会で大きな変化を見せました。当番で皆の前に立つととても嬉しそうにし、後ろから教師が支えもっていると「これから、朝の会を…」に合わせて左右に身体を揺らし、しこを踏むように片足をあげ、「れいー」でおじぎをするようになったのです。そして、「日付カードやりたい人?」でスクッと立ち上がり、日付カードを貼った小さいボードを両手に持って前のホワイトボードへと進み出て、しかるべき枠に貼り、得意げな笑顔を見せます。

彼の姿を見て、周りの友だちも「貼りたい」「やりたい」という気持ちをもつようになり、当番の時はどの子も自分なりの表現で嬉しそうにあいさつをし、日付ボード貼りを意気揚々とするようになり、よっちゃんはさらに学習カード貼りに意欲をみせました。最初はカードを重ねて貼っていたのですがボードの枠の上から順に貼るようになり、それを見たあかねちゃんも「ワタシが貼ります」と這って前に出てきました。

[朝の会] は毎日あるので、「ボクが(ワタシが)～やりたい」という目当てやつもりを豊かに広げ、今日の学習に対してつもりや見通しをもつ場となり、また自分と友だちをより意識する大切な時間となって位置づいてきました。

最後にこうした先輩たちの中に入学してきたモモちゃんのことをお話します。

モモちゃんは新しい場所や知らない人に対して極度に不安になり、感染症にも弱いため、就学前の療育でも毎年5月に自律神経発作を起こして入院を繰り返していました。まず学校という場、教室に入れるか、水分を摂ったり給食を食べることができるかが、就学時におけるお母さんの最大の悩みでした。入学式、お父さんに手を引かれて照れ笑いしながら体育館に入ってきた彼女に、私はありちゃんの時のような確信を抱きましたが、無理強いはしないことを担任団で確かめ合い、モモちゃんは登校後は好きなだけ学校中を探索し、給食も教室の隣でみんなと離れて、という学校生活をスタートしました。

ところが、です。4月10日、自由に校内探索をしながらも付き添っている先生がさりげなく誘うと教室を何度も通り過ぎながらも入ろうとし『フニクリ・フニクラ』をニコニコと聴いているのです。4月14日は、入口で名前を呼ばれて、クルリと背を向けながらも彼女なりの返事をし、5月1日には台車に乗ったまま教室の入口で、自分の写真を見てにんまりと笑い、当番役として「これから…」に合わせて先生と一緒に両手を動かしました。

そして、5月15日に、始まりの歌に誘われるように抱っこしてもらっていた教師の腕から降りて自分から教室へ入ってきました。翌日はバギーに乗ったままですが、教室の中で始まりの歌を嬉しそうに聴き、年上のお友達の呼名の様子を見、次の5月20日は自分からみんなのいるマットの中に入ってきました。この頃、運動会の練習に参加したり、大好きな台車を手がかりに［みる・きく・はなす］のお話あそびに入ることができはじめ、〈学校〉というものに興味を示し、自ら学習活動に入り始めたのでした。

3年生になったモモちゃん、クッションチェアーに後ろ向きに座っていても「私の名前呼んで」と言いたい時は前向きに座り直し、当番をするときは、「これから」で両手を上下に動かし、「朝の会を」で胸前で両手の指先をあわせ(「べんきょう」のサインのつもり)、「始めます」で教師の手を持って胸前から両手を広げ、「れいー」で深々とお辞儀をしてみせます。そして、「ワタシはあいさつじょうず」と自信をもったモモちゃんは、通常の［朝の会］は手抜き気味になり、合同［うた・リズム］

など、より大きい集団の学習では「それでは」と言っただけで、前に出てきて極上のあいさつをしてみせるようになりました。

肢体障害のある子どもたちは、移動手段をもたない場合ももっている場合でも、自分で新しい世界を探索することや内面の世界を表現することに大きな制約をもっています。こうした子どもたちの中に発達的に1歳半頃またはそれ以上の内面発達をもつ子どもたちが少なからずいます。日常的には見せない力を［朝の会］や言語的な認識やつもりを豊かに発揮できる学習活動の中で、本来の姿を発揮してくる姿が多くあります。

もちろん、発達的に乳児期後半の子どもたちも、自分の名前を呼ばれることに意識を向けはじめ、自分の行動の結果や意味に気づき始める時期であり、ていねいに働きかけることで、自分への萌芽のような気持ちを育むためにも、［朝の会］の意義は大きく、こうした子どもたちとともに、幼児期の段階にある子どもたちのこの姿が発揮できるような［朝の会］や、言語的認識やつもりを豊かにする［みる・きく・はなす］でのお話あそびが必要となります。

（「みんなのねがい」２０１１年4月号、全国障害者問題研究会）

column

奇跡の出会い

保護者　中島　佳奈

「ももちゃん、よくわかってますよ！　かしこさんです！」

羽田先生の口癖でした。とにかく子どもたちが好き！　そして誰よりも子どもたちの心の内を見ること、引き出すことに全力投球！

言葉を持たない我が子の心の声を代弁する姿は、時に「ほんまに？　先生思い込み激しいぞ？」と母に思わせるほどに熱く映りました。先生は、親よりも子どもの可能性を信じる人でした。

そして萌々《もも》は果敢にアプローチしてくる先生に、甘えたり拗ねてみたり…相手をよく見ながら様々な駆け引きを楽しんでいける子になっていきました。

それまで自分が一番娘を理解しているという偏った愛情で溢れていた母は、朝の会で張り切った姿を見せる授業参観に、日々の連絡帳に、驚きの連続でした。本物にこだわる先生が創り出す授業は、学校にいながらにして様々な世界に溢れていました。文化祭発表劇への熱意は並々ならぬものがあり、特大の象をひっぱりながらアラビアの萌々姫さまがドヤ顔で登場した姿は衝撃でした。

突然訪れたサヨナラだけど、今でも萌々のことを心の中で相談する存在で、「お母さん、心配しなくても萌々ちゃんは大丈夫」って声が聴こえてきます。

そんな奇跡の出会いを胸に、これからも家族みんな、先生みたいに輝いて生きていきたいです。

4

［みる・きく・はなす］お話の世界をともに楽しむ！〈2011年〉

子どもたちは〝お話〟が大好き！

『ねずみのすもう』のはじまり、はじまりー」と、拍子木を打ち鳴らすと、聴覚障害のしほちゃんをはじめ、子どもたちは目を輝かせ、いっせいにこちらに視線を寄せます。

「むかーし、むかーし、おじいさんとおばあさんがおりました」で始まり、おじいさんとおばあさんの人形で現れ、「おじいさん、気いつけてなあ、いってらっしゃい」「はいはい、ばあさんや、いってくるぞー」のやりとりをしておじいさんが出かけるくだりは、日本の昔話のおきまりの場面であり、どの子どもたちも知っている語りなのでしょうね。

日本の昔話には、なにか懐かしいひなびた雰囲気があり、出だしの語りはその雰囲気の世界に一

気に子どもたちを誘う不思議な力があるようです。『ももたろう』でも『おむすびころりん』でも、お話の始まりに拍子木を鳴らし、このおじいさん、おばあさん人形が現れると、「まってましたっ」のかけ声が子どもたちからかかる気配すら感じられます。

重症心身障害児といわれる子どもたちは、就学前には呼吸器疾患などで入院を繰り返し、安定して療育を受けることもままならない時期を過ごしてきました。それでも、訪問療育や毎日通園のシステムの中で生活リズムや体調の安定を得ながら、揺さぶりあそびや豊かな療育を通して笑顔を獲得し、外界にいっぱい興味をもち始め、絵本の読み聞かせに期待を寄せるなどの育ちをみせてきました。

「むかーし、むかーし」という語りで始まる日本の昔話の世界は、子どもたちが就学までの療育で、絵本の読み聞かせをいっぱいしてもらう中で、すでに共有している文化ともいえます。

さて、おじいさんが山で柴を刈っていますと、「はっけよーい、のこった」、やせねずみとふとねずみがすもうをしています。この場面になると、よっちゃんは身を乗り出して〝アハッアハッ〟と興奮し、ともくんやしほちゃんが熱い視線を向けてきます。ももちゃんは笑って〝タタタッ〟と声をあげ、まりこちゃんは顔を上げてメガネの奥からジッと見ます。

いつもやせねずみの人形がふとねずみにとばされて負けてしまうのですが、時には、子どもたち

ももたろう

にねずみ人形を持たせると、よっちゃんも、ももちゃんも自分が持つ人形を相手の人形に押しつけて、一応対戦しているつもりを見せます。しほちゃんは、人形を二つ奪い取って、二つの人形をくっつけて、〝すもう取り〟を再現することもあります。

ねずみのすもう

草津養護学校小学部肢体不自由クラスのこの子どもたちの多くは、重症心身障害児であるものの比較的健康面で安定しています。指先に麻痺があり苦手意識もあるのですが、自分の手で外界に働きかけ、不安定ながらも四つ這いや歩行などの移動手段をもっています。けれどほとんど発語がないために内面が見えにくい子どもたちです。

よっちゃんはいろんな童謡を歌い、〝コーエン（公園）イコ（行こう）〟〝カホ（しほ）オイデ〟など話し言葉が増えてきていますが、コミュニケーションの手段としてはまだまだ未熟ですし、他の子どもたちは発語がなく、日常の場面では玩具をなめながらキーボードを操作することに執着したり、目を離せば教室から出て行ってしまうなど、一見すると、いろんなつもりや目当てをもっていることがわかりにくい子どもたちです。

〝おもちつき〟やりたい！

負けたやせねずみのために、おじいさんとおばあさんが「♪もーちつき、ぺったんこ…」と餅をつき始めると、また子どもたちの目が輝きます。人形用の小さい臼と杵ですが、「お餅つきする？」と聞くと、手を使って活動することが苦手なまりこちゃんが〝エッ〟と答えて、歌に合わせてニコニコと杵を臼の中へ向けて打つのです。

おじいさん、おばあさんが寝ている間にやせねずみがお餅を食べる場面になると、日頃〝ごっこあそび〟をしない子どもたちが布で作ったお餅をねずみの口元に押しつけ、食べさせる振りをします。

ともくんは、その小さなお餅を自分の口に入れたいし放りたくもあるのですが、授業の2時間めからはいったん自分の口に入れて「ボクも食べたいよ」と表してから、放らずにねずみの口元にお餅を持ってくる

ねずみのもちつき

ようになりました。そして、ミニ臼から本物の臼に変えると笑顔になり、「やりたい人？」で一番に名乗り出て、得意満面に本物の杵を持って、臼の中の餅クッションを嬉々としてつくのです。ミニ臼よりも本物の臼と杵の方が、いっそう彼の「お餅をついている！」という実感につながるようです。

おすもう文化を楽しむ子どもたち！

おばあさんが2匹のために赤いまわしを用意したところ、ねずみたちはたいそう喜びます。ここから赤いまわしを実際につけてすもうをとる活動に変わります。

「に〜し〜、やす〜いぜ〜き〜」と呼び出し、あまり貫禄がない安井関（安井先生）が登場して大げさにしこを踏んで強がってみせます、子どもたちの目が輝きます。

「おすもう、やりたい人？」とたずねると、子どもたちは目に力を入れてこちらを注視し、ももちゃんはベリッとベルトを外し保持椅子から降りてきます。まわしをつけ、ねずみの帽子をかぶり、ニコニコと土俵に入り、「よいしょっ！」のかけ声で後ろから支えられながらも片足をほんの少しあげようとします。気合い十分で「見合ってぇー、はっけよーい、のこった！」。背中を軽く安井関の方へ押しやると、ももちゃんは両手の指先を安井関に向けます。安井関はももちゃんの手に手を合わせ、わずかに押します。1年前、最初の取り組みでのももちゃんは、両手のひらを向けるものの2、

3回押されると身を引いていたのですが、今や押し返す要領を心得て安井関から体を引くことなく全身で踏ん張ります。さらにももちゃんの背中を少し押してあげると、前のめりになりながらも安井関を押し、何度か踏ん張りました。最後に押し倒して馬乗りになったももちゃんは、〝ギュヘヘッ〟と笑いが止まらず大満悦となります。

そんなももちゃんの姿を見て、どの子どもたちも「ワタシも（ボクも）」という気持ち、つもりを高め、それぞれが意欲的な姿を見せたのでした。

こうした劇あそび的な取り組みの中で、子どもたちはお話の世界を実感し、ドキドキワクワク情動を共有しながら、イメージやつもり、意味の世界を分かち合う姿をみせます。もちろん、担任集団も子どもたちと笑いあいながら、『ねずみのすもう』の独自の世界をともに楽しみあい、子どもの姿に驚いたりして互いの子ども観を深め合うことになります。

お話あそびの魅力

移動手段や手指の操作力をもつ場合も、もたない場合も、重症心身障害児は、日常的には発語がなく、自分の思いを行動に表し難く、内面がみえにくく、その力が正当に発揮されにくい状況があります。なかには、言語理解に興味を示し、幼児期の発達の段階にあると思われる子どもたちも多くいますが、乳児期の発達段階と考えられていて、感覚あそび的な揺さぶり活動を通して笑顔を引き出す取り組みや、自立活動として姿勢・運動への働きかけが中心となる場合があります。

しかし、このようなお話あそびの取り組みを通して、子どもたちのイメージやつもり、言語的な感性が想定以上の力を発揮する可能性があることを視野に入れて、ストーリーをもったお話あそびに取り組む意義は大きいと考えます。

つもりや目的的行動を引き出すための〝お話あそび〟の授業づくりとは、子どもの発達や生活年齢、生活での願いに思いを寄せながらも、教師自身が魅力を感じ、子どもたちに伝えたくなる絵本やお話を選び、それが教師の引っ張りすぎにならないように、子どもが魅力を感じる活動を、子どもの発達・障害に応じて具体化していくことではないでしょうか。

『ねずみのすもう』では「日本の昔話のひなびた味わいを伝えたい、感じさせたい」「あの子たちに餅つきというハレの気分とすもうあそびの面白さに出会わせたい」「この子にはもっと実感がもてるように本物の臼と杵を用意しよう」など、文化的魅力と子どもたちの発達要求とを重ね合わせて授業をイメージし、教材づくりが始まりました。「子どもたちが興味をもつであろうねずみ人形はこの大きさでこの感触かなあ」「ミニ臼や杵もいる」「そうだ赤いまわしがあるとおばあさんの愛情が伝わる」などと教材づくりのイメージが膨らみ、担任集団で分かち合って進めてきました。そこにそれぞれの教師の教材づくりの腕前、もち味が集合されますし、1回1回の授業も子どもたちと教師集団の響きあいと文化的高まりとしての魅力として創造されていくのだと思います。

（「みんなのねがい」2011年5月号、全国障害者問題研究会）

色々な宝物を受け継いで

元滋賀県立特別支援学校教員　西田　琴子

お別れしてから季節は巡り、桜の花に街路が華やぐと羽田先生のことが思い出されます。

私と羽田先生とは、草津養護学校の若い職員集団の中で数少ない50代仲間でした。また遅刻をすることでも目立った二人なのですが、何より夜遅くまで職場に残り、「シンデレラ」の呼び名を大先輩のN先生にもらっていました。二人っきりになった職員室で、一人息子や一人娘の、互いの悩み話をしていたこともありましたが、大抵は時計の針とにらめっこしながら、私の場合はＰＴＡや組合の『活動』書類を作成し、全校配布して、深夜になってからの帰宅でした。

羽田先生は質的に私のそれとは違い、毎晩、授業のビデオを再生し、それを記録におこす緻密な作業に夢中でした。ビデオカメラの小さな画面に映る子どもの姿に時折「わぁーすごい」「きゃー」といった歓声をあげながら、授業中には気付けないような細かな子どもの様子まで掘り起こして実践をまとめておられました。このような地道な努力で実践を年々深められ、そこから、学部会や研究会などで仲間に確固たる示唆を与えられていたのです。実践を自分一人のものにしないで、皆のものにすることにエネルギーを注ぎ、指導者集団としての質を高めることに大きく貢献されました。地層が積み重なるように…凄いことですね。

教材作りにも熱心で、劇遊びの登場物も手作りされて、そのお話で伝えたい羽田先生の魂が込められているようでした。

『エルマーのぼうけん』。私も大好きな本だったので、羽田先生の実践を真似たことがありました。羽田先生の「りゅう」は、黄色と緑色のサテン生地で縞模様に縫われていて、大きくてとても魅力的だったのです。私も同様に「りゅう」を作り始めたのですが大変な手間で授業に間に合わず、結局、既製のぬいぐるみでやってしまいました。その時も改めて羽田先生の器用な才能に感心したものです。

退職後、大学で講義をされている様子を話してくださる時、そして息子さんご夫婦のお話をされる時、本当に幸せに満ちて楽しそうでした。

命尽きるまで情熱を注がれてきた羽田先生の色々な宝物は、いつまでも輝き、若い方々に受け継がれていくことだと思います。

エルマーのぼうけん

5 文化祭の値打ち！子どもたちと教師集団で創る大きな舞台、大きな感動！

〈2011年〉

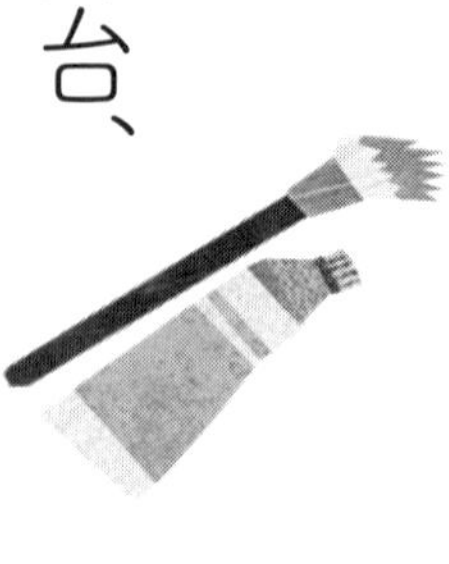

日常的には発語がなく、内面が見えにくい重症心身障害児ですが、〃お話あそび〃を通して次の場面を予測したり、自分なりのイメージやつもりをもって場面や言葉かけに応じて行動し、言語的な感性を想定以上に発揮する姿をお伝えしました。今回は〃お話あそび〃が発展して情緒的にも最高に高まる魅力的な場、文化祭について語りたいと思います。

滋賀県立草津養護学校小学部では、日常の授業ではクラスごとグループごとに〃お話あそび〃や〃劇あそび〃に取り組んでいますが、2学期の文化祭では、18クラスが二つのグループに分かれて二つの劇に取り組み、発表します。年々児童生徒数が増え、大規模化する中にあっても、クラスをこえ障害や発達段階の違いをこえて、みんなで創り上げていく舞台を大切にしてきています。

文化祭は子どもを大きく育てる！

ももちゃんは、新しい環境や暗い場所に緊張し、就学前はクラス替えのたび自律神経発作をおこして入院を繰り返していました。まず学校という場に入れるだろうか、教室に入れるだろうか、水分を摂ったり給食を食べたりできるだろうかと、お母さんの心配はふくれあがっていました。でも、ももちゃんは、まず［朝の会］で教室に入るようになり、教室の隣の部屋で給食を食べるようになり、［みる・きく・はなす］のお話あそび、［うた・リズム］と次つぎに自分から活動に参加し、クラスの友だちや合同集団と活動の場を共有できるようになりました（本章3）。『ねずみのすもう』では、安井関を押し倒して、「ガハハハ」と勝ち誇る3年生のももちゃんの姿を伝えました（本章4）。彼女の1年生の姿からもう一度振り返ってみたいと思います。

＊

1年生の5月、［朝の会］に強い関心をもち始めたころ、［みる・きく・はなす］では、ももちゃんが大好きになった台車を使い、他の子どもたちも好きなバスでのお出かけをストーリーとした『ピン・ポン・バス』に取り組みました。このお話あそびにすぐに子どもたちは夢中になり、1時間めはももちゃんはみんなと別の台車で出発し、2時間めはなんと5人一緒に一つの台車に乗って、中庭をめざすことができました。

続いて取り組んだ『一寸法師』。遅く登校してきたももちゃんが教室へ入ってきたとき、ちょうどスクリーンに映し出された実際の清水寺への参道を着物を着た姫（教師）が一寸法師と詣でる場面で、びっくりしたのか、いったんは廊下へ飛び出しました。けれど、担当の教師に励まされて、再び教室へ入って来てみんなの様子を眺め、「やる？（鬼をやっつける？）」と問われると、照れながらも鬼をやっつける刀に手を伸ばして、ほんの少し押し当てるような仕草をして見せました。おおげさに倒れる鬼を見て、彼女は満面の笑顔を見せました。その後、この授業には始めから教室に入るようになり、導入の人形劇では眼をそらしていますが、後半の劇あそび活動が始まると笑顔がこぼれ、鬼をやっつける出番では必ず自分から刀を持って鬼に押し当て、それができたことに満面の笑みを見せました。

この取り組みから、ももちゃんは、新しい環境や新しい活動に極度に緊張するけど、彼女の心が開く瞬間をとらえて誘い込み、自分がした行動に達成感をもたせることで、次からはしっかり学習への思いやつもりをもてるのでは、と確信をもちました。しかし、療育教室では暗いホールに入れず、卒園式にも入れなかったももちゃん、本当に2学期の文化祭の舞台に出られるでしょうか。

２００８年度の文化祭での小学部の発表劇は、ももちゃんのグループは『孫悟空』と決まっていたので、まずクラスで取り組みました。衣装や、如意棒、岩など小道具も本番そのまま使えるものを用意し、効果音も銅鑼、中国京劇『孫悟空』の音楽や二胡の演奏のＣＤを準備し、できるだけ、最初から本番と同じイメージで取り組みました。ももちゃんは、いたずら悟空として、如意棒で大岩を倒す活動がすぐに気に入り、自信満々の笑顔で意欲的に大岩を倒し、教典を奪った金閣を追いかける場面では、「こっちよ」とエレベーターへ先頭を切って進み、３階の学習室へ歩いてみせたのでした。

クラスでの取り組みからやや遅れてグループ全体での舞台練習が始まると、バギーに座って上半身を前後にゆすり「はやく舞台に上がりたい」と言い、舞台に上がっても幕裏で待ちきれないぐらい、毎回得意満面で出てきて、如意棒を両手に持ち大岩を倒しました。

この調子なら、文化祭は大丈夫かも。しかし、舞台練習では、暗幕をしていても、出番を待つ幕裏が真っ暗になったことはありません。予行日、幕裏が真っ暗になったとき、案の定、ももちゃんは全身を硬くして〝ウーッ〟とうなり始めました。そばにいた畑山先生が抱きしめて「大丈夫だよ」と懸命に励ますなか、なんとか自律神経発作にならずにすみ、ライトが点いた舞台にももちゃんはホッとした表情で出てきて、いつものように嬉しそうに大岩を倒しました。

この予行日の体験で、真っ暗になるのは少しの時間で、次にライトが点いて出番がある、ということがわかったのですね。文化祭本番は、ももちゃんは大勢の観客の中、まぶしいライトを浴びて、楽しい二胡の音楽に乗ってちょっと照れながら登場し、両手で如意棒をしっかり持って大岩を突き倒し、後ろを向きざま「やった」という笑顔を見せました。

＊

この年に1回の文化祭の大きな舞台での大きな心の高まり、感動は、どの子どもたちにも奥深い記憶として積み上がっていきます。

ももちゃんは、2年生の『ブレーメンのおんがくたい』ではニワトリの帽子をかぶって得意げに泥棒の家の窓をのぞき、友だちと一緒にフライパンを棒で叩いて泥棒を追い出し、3年生の『シンドバッドの冒険』では美女役

シンドバッドの冒険

となり、アラビアの音楽に乗って大きなゾウを引っ張って登場し、シンドバッドたちを見送る音楽のあいだ両手でバチを持って小太鼓を鳴らし続け、大きな拍手を浴びたのでした。ももちゃんにとって、文化祭で緊張しながらも自分の力を発揮できたことは、日常の学習体験では得られないほど、「～できたわたし」を感じ、自信を得る場になりました。

この誌面に載せられなかった多くの子どもたちも、クラスでのお話あそびをじっくり楽しみ、つもりを高め、文化祭の大きな舞台でとても緊張しながらも、日常以上の力を出し、大きな拍手や歓声を感じていっそう喜びが高まる表情をしてみせるのです。

クラス、障害をこえて共に〝文化〟を創造する喜びを

文化祭の劇練習では、ももちゃんはじめ多くの肢体障害の子どもたちが、日頃あまり交流する機会がない知的障害の子どもたちの様子を舞台下から興味いっぱいに見つめ、視覚障害がある場合も熱心に耳を傾ける姿を見せます。『孫悟空』では、クラスの活動に取り入れなかった、猪八戒や沙悟浄たちのユーモラスな動きやセリフを演じようとしている知的障害の子どもたちの様子が、肢体障害の子どもたちにとって、とても新鮮であるだけでなく、お話の意味やイメージがダイレクトに伝わるのですね。自分の出番以外の他クラスの友だちの活動を楽しみにし、グループみんなで創る舞台としてつかみ取るようです。最後のフィナーレに全員が舞台の上と下に出て主題歌を歌うとき、

どの子どもたちも満足な笑みを浮かべ、教師も含めともに創り上げた達成感とつながり感を分かち合います。もちろん、保護者たちのあたたかい歓声や感動の気持ちを感じつつ。

このように文化祭は、クラスを超えて大勢の友だち集団（教師集団も含む）が共に劇を創る臨場感を味わうことができ、ライトや大きな舞台、観客の拍手などがある特別に値打ちのある出番において一人ひとりが力を発揮することで、全校として観客と一体となって大きな感動を共有する素晴らしい場です。

また子どもたちは、自分の出番だけではなくて、中学部、高等部のお兄さんお姉さんたちの劇発表にも予想以上に関心をもち、食い入るように鑑賞する姿を見せます。

特に高等部の発表（２０１１年は『走れメロス』）は感動的です。自信がもてずに荒れて本校に入学してきて、やる気を見せなかった生徒らも、互いに影響し合いつつ徐々に役に気持ちをこめ、物語のテーマを共有していくプロセスがあります。そうした様々なドラマを経た上での本番の舞台は、自己表現と集団意識としての真剣さ、意気込みにあふれていて、重症心身障害児といわれる子どもたちもその空気を全身に感じとり、身体を揺らすのを止め、息をひそめて気持ちを向けたり、共に笑ったりしているのです。

文化祭は、全校集団と保護者たち観客とが一体となって舞台を創り上げ、共に大きな感動を生み出し、共感し合う場といえましょう。また行事は、子どもたちを一回り大きく成長させる場ですが、全校行事である文化祭の意義は、物語や音楽などを介した文化的創造の場であり、そこでの大きな感動や共感は人間としての喜びであり、これからの人生を支える生きる糧になると思います。

（『みんなのねがい』２０１１年６月号、全国障害者問題研究会）

２０１０年度の2学期、4クラス中3クラスが文化祭で取り組んだ『三びきのやぎのがらがらどん』の実践について検討した。

文化祭で発表する劇『三びきのやぎのがらがらどん』での子どもたちの活動は、トロルと闘うヤギとしての出番が中心となるが、各クラスで取り組む授業では、ストーリー全体を体感させる展開がされ、同じ絵本であっても子どもの実態に応じてずいぶん教材が異なることが実際にわかり、興味深いものとなった。

視覚障害の子どもがいる2クラスは、順に大きいヤギが登場することが手の内でわかるように工夫をした。あるクラスはフワフワの綿を貼り付けた小・中・大の立体ペープサートを作り、それぞれ大きさの違う鈴を付けた。別のクラスは自分の手で働きかける操作性をもつ子どもたちでもあるために、感触がいい生地で小・中・大のヤギ人形を作り、登場のときの効果音を変化させた。また、ヤギ人形と闘うトロルはゴワゴワとした感触の生地で作り、ヤギとの違いがわかるようにした。

文化祭での舞台発表のときとは違い、音楽を排した授業の中で、光の明暗がようやくわかるらしいようちゃんは首を左右に振ってまわりの音を聞いている様子だったが、ヤギが登場するときに「カタコトカタコト」と鳴ると、首を振ることを止めてヤギの方に顔を向けた。そして側に来たヤギに自ら手を伸ばし、その足を握りしめ、うれしそうな表情でしばらく放さない。また、大きなヤギがトロルをやっつけるのをニコニコと笑って聞いていた。次に人間トロルと対決するときは、上半身を前後に揺する得意な動きに呼応するようにトロルが押してくるやりとりの中で、次第に自分で押し返し、その力を強めて最後にトロルを倒し満足気な表情をみせた。

一方、視覚障害の子どもがいないクラスでは、教室の壁面一面を舞台とし、大きなペープサートのヤギ（大きいヤギは等身大）が橋を渡り、トロルと対決する場面をダイナミックに見せる手法を用い、お話の臨場感をもたせていた。

この3つの実践から、視覚障害がある場合、ない場合の教材のあり方を学んだわけだが、言葉への感受性が強まり、場面の雰囲気や意味をとらえ始めている子どもたち、つもりをもち始めている子どもたちにとって、障害に応じた工夫をすることで〝お話あそび〟がいっそう大切になることを確かめ合うことができた。

子どもたちが、友だちや教師とともにお話の世界の中でドキドキワクワクとした感情体験を共有しながら、場面の雰囲気を感じわけたり、場面の意味に応じた活動をすることで、乳児期後半の発達段階にいる子どもたちにとっては、豊かな情動や活動への期待感を育み、意味の世界に気づかせる機会となっていた。また、1歳半頃以上の発達段階の子どもたちにとっては、やり応えを通して「ワタシ（ボク）が～した」「もっとワタシ（ボク）は～したい」などのつもりやイメージをふくらませ、ときには不安な世界を自ら越えて、「～できたワタシ（ボク）」と自意識や自信を得る場ともなっている。

どんなお話の世界を伝えたいか、教師自身がお話のどこに魅力を感じるか、ということもグループ研究の重要な視点である。

『三びきのやぎのがらがらどん』では、若い教師が「太る草を食べた、ということは、子どもたちにわかりにくい結末であり、達成感をもたせにくい」と投げかけたことが契機となり、このストーリーの魅力について話し合った。そして、「太る草を食べることは確かにわかりにくいが、その結末よりも、小さいヤギにだまされる少しユーモラスなトロルとのやりとりのおもしろさではないか」「子どもたちの姿を見てもそうではないか」となった。

実際、各クラスでのトロルは強がるわりに少しお人好しであり、やや滑稽な存在として表現され、文化祭本番では、そのユーモラスなトロルを子どもたちは目や表情を輝かせて押し倒し、大きな拍手と歓声を感じ、子どもたちの顔はさらに輝き、その姿に教師集団も共鳴したのである。

その後、12月の公開授業研究会の分科会で、他府県の参加者から「これまでも何度か取り組んできたが、なかなか子どもを乗せにくい題材である。しかもトロルは（大ヤギの角で）切り刻まれるという残酷な話でもあり、どう考えているのか」と問われ、ユーモラスなトロルとのやりとりとやっつけることのおもしろさではないかと答えたが、お話のどこにおもしろさを感じるかが、実践づくりの大きなポイントになることをあらためて認識する機会となった。


（障害者問題研究38巻4号「〝お話、物語の世界〟でともに遊ぶ！」2011年　抜粋）

6 音楽表現をゆたかに 音楽は生きる喜び〈2011年〉

子どもが主体的に向かう音楽の授業！

草津養護学校小学部の肢体障害グループでは、［うた・リズム］と［からだ］は、クラスを越えた合同集団として取り組んできました。それは、クラスでの取り組みを基本にしながらも、クラスを越えて子どもたちが育ち合っていくことの大切さを追求してきたということと、この二つの学習は集団的ダイナミックスを求めるということでもあります。

［うた・リズム］では、『歌えバンバン』を教師たちが声高らかに歌い始めると、子どもたちの目が輝き、笑みを浮かべて歌に合わせて手を振ったり、よっちゃんは手拍子を打ち、ももちゃんは〝タタ

タッ〃と声をあげて嬉しさを表します。［うた・リズム］の始まりの歌です。歌詞が子どもたちの心の扉を開け、メロディも歌詞に乗じて高まって、子ども大人も気持ちが一気に解き放れるようです。『歌えバンバン』が終わる前に、必ずベリッと保持椅子のベルトをはずして、ももちゃんが前に出てきます。歌の後の始まりのあいさつをしたいからです。本章3に書きましたが、［朝の会］当番役での始まり・終わりのあいさつに自信をもった彼女は、そちらはだんだん手抜きになり、合同集団での取り組みであいさつをしたいとの実力行使です。より多くの人に見られて、やりがいがあるのでしょうね。「…始めます、れいー」で深々と床に頭をつけんばかりにお辞儀をするのです。そんな彼女の姿を見て、「ボクも（ワタシも）やりたい」とよっちゃん、ともくん、隣のクラスの1年生の友だちも要求し始めます。

次に『ウンパッパ』を高らかに歌います。歌い出すだけで、子どもたちの目に力が入り、発達的に幼い子どもたちも前を注目したり、笑みをこぼします。歌の魅力もありますが、『ウンパッパ』を歌ったらピエロが登場すると期待して、多くの子どもたちが曲の途中から廊下の方をチラチラと気にします。「おーい、ピエロさーん」、呼ぶと全員の目は扉へ。「やー、こんにちは」とやや大げさにピエロが登場します。「さあ、今日もいいもの持ってきたよ」（ももちゃんはまたベリッとベルトを外して降りてきます）。

ピエロがいつも持ってくる緑色の箱には、季節の歌のシンボルが入っています。春は花束や本物のタンポポだったり、初夏は緑の葉っぱ、秋は初秋はドングリ、晩秋は紅葉…。

「ピエロさんの箱を開けたい人？」と問うとまたみんなの視線が集まってきます。手を上げて〃アリタイ（やりたい）〃と言うよっちゃん。目に力を入れるともくんやしほちゃん。乳児期後半の発達段階にあると思われる子どもたちが雰囲気の高まりを感じて思わず声を出したり笑みを向けると、「やりたいね、○○ちゃん」と、どの子どもも平等に1－2か月の間でこの役をします。肢体障害があっても、発達的に幼くても、子どもが見えない箱の中を期待し、最小限の介助で、もっているわずかな力で自分で箱を開ける時のワクワク感を大切にし、開けて取り出したシンボルをみんなに見せまわります。その後、歌が始まるので、子どもは自分がしたことが次の展開につながる実感や値打ちを感じます。子どもたちが主体的に活動する時をつくることで、授業へ向かう気持ちが高まります。

そうそう、ももちゃんが椅子から降りたのは、はじめは箱を開ける役をしたかったからですが、2010年度の1学期終わり頃から、「ピエロのお手伝いをしたい」に変わりました。毎回前へ出てくるももちゃんの思いをかなえるためにピエロ役の教師が機転をきかし、「お手伝いをしてくれる？」と言って、ピエロの襟をつけてあげ箱を持つ役を彼女にすすめてからです。自分だけの役に心地良さを感じたようでしたが、これがまた他の子どもたちにとって、「ボクも（ワタシも）やりたい」活動の広がりになりました。

なんと、豊かな音楽的感性！

ところで、授業はまだ始まったばかりです。季節の歌は2曲歌います。軽やかな楽しい曲と、しっとりと情感豊かな、時には切ない短調のメロディをもつ曲です。子どもたちは〈お母さんといっしょ〉などの幼児番組で結構高度な歌を楽しみ、就学前の療育や保育で豊かな音楽的な働きかけを受け止めてきています。また、きょうだいたちが好む今風の音楽を聞いています。生活年齢相応に音楽的感性をもっているといっても過言ではありません。

タンポポの作り物、または本物を見せて『たんぽぽ』を歌い始めますと、軽やかな出だしに手や足を振り出す子どもたち。聴覚障害のしほちゃんはタンポポを持って振ることを自分の表現と心得て、嬉しくてたまらない表情で振ります。この歌は途中で短調に変わります。この変化に「ウンッ?」と耳をそばだて、長調に転じて終わった時に笑顔を見せる子どもたち。「もう1回歌いたい?」という問いに応える子どもたちの思いを大切にして大概2回は歌います。続いてもう1度ピエロの箱開けを募って、出てきた花束を振りながら、美しいメロディの『春の風』を歌います。秋は初秋なら、ドングリや木の実を触りながら、軽快でユーモラスな『ドングリ坂のドングリ』と、とても切ない『小さな木の実』。晩秋は「森のこかげでドンじゃらほい」と短調だけど軽快な『森の小人』と、ブラックパネルシアターを見せながら幻想的な曲『不思議な月夜の音楽会』をしっとり聞かせます。二つの歌の曲調の違いを子どもたちはしっかり感じ入り、表情で表し、歌い終わると笑顔で拍手をする子どももいます。

冬には少し難しい曲に挑戦しました。雪だるま人形を登場させながら、雪景色をバックに『白い道』(ヴィヴァルディ『四季「冬」』より海野洋司作詞)と、白い花を見せながら『一瞬の「いま」を』(『十二月の歌』より林光作詞・作曲)の2曲。歌い上げるには難しい曲です。教師集団の練習が不十分で、1時間目はひどいものでした。子どもたちは目が宙に浮くような表情をし、数十年の実践でこんなに胸が締め付けられる授業はありませんでした。もう1度芹洋子の歌を聴き直し、練習をし直し、それでも不安で各自がトイレ指導中に口ずさみ、2時間目はなんとか歌いこなしたところ、子どもたちの目と表情に喜びが戻りました。『白い道』はバロック音楽ですし、語りかけるようなフレーズがあります。『一瞬の「いま」を』も「待雪草が咲いたっ」と語りかけるように始まり、命の尊さを高らかに歌い上げなければなりません。歌い終わってやや時間をおいて、子どもたちの顔に笑みがこぼれ、いつも顔を伏せがちなみっちゃんが私たちを見上げて拍手をしてくれ、本当に嬉しく思いました。

その後は〝鑑賞〟をします。授業の流れでいけば、動のあとの静です。暗くして、大画面とステレオを使って、上松美香のアルパ（南米のハープ）の演奏や世界的な太鼓奏者である林英哲の演奏、またソビエト・マリインスキー劇場の『白鳥の湖』を鑑賞します。いろんな曲に出会わせたいとか、何でもよい、のではなく、長くて5分間ぐらいで起承転結のドラマが明確で優れた演奏表現を選びます。

部屋の電気を消すと、子どもたちは大画面に注目して期待します。『白鳥の湖』はまさしく総合芸術であり、バレエの動きと曲調を共に感じつつ鑑賞するものであることを子どもたちの姿から、あらためて感じ入りました。4羽の白鳥の軽やかな踊りと、ラストの重厚な主題とともにドラマチックに表現されるオデットと王子の踊りの違いを感じ、子どもたちの目は釘づけです。数年前には、そのさびを期待して声を上げていた子どももいました。

音楽的共感について

1時間の授業の最後は〝楽器演奏〟です。各学期に一つの種類の楽器、例えば1学期は、教師手作りのカホンとアフリカの木の実のシェーカー、2学期は祭り気分を味わうために大太鼓、3学期はグロッケンやマリンバに取り組みます。どの子どもたちも、自分が主人公となるこの出番に意欲を燃やします。

飛行機の爆音が聞こえる程度という、たいへん重い難聴のしほちゃん。目で何をするかとらえてバチで叩く、持って振るなどはしますが、２０１０年秋に爆発的に大太鼓を打って見せたのです。大太鼓を大得意とするみっちゃんと一緒に一つの大太鼓を打つというペアを組んだところ、バチを持つなり連打しながら、得意満面の顔で私たちに視線を送ってくるのです。それも、みっちゃんが引いてしまうぐらい、力強く連打し続けるのです。大太鼓は、身体に振動が響き、とらえやすいのですが、彼女は、友だち同士が競い合う活動に値打ちを感じ、「ワタシもできるのよ」と気持ちをため込んで名乗りあげたのです。そんな彼女の姿に感動した担任たちは、「もう1回？」と何度も励まし、時間を気にせずに彼女が納得するまでつきあいます。はとんど聞こえない世界にいる彼女が、楽しくてたまらないかのように大太鼓を演奏している姿は、たまらなく美しく感動的でありました。

重度の子どもたちへの音楽実践としては、メニューが多い、やり過ぎ、との感想が聞こえてくる気がします。これらの実践は、子どもたちの感受性の高さを確かめつつ、授業づくりを進めてきた経過があります。「うた・リズム」では、子どもたちの音楽的感性の高さに感じ入り、共に楽しむ、という感性が教師に求められてきます。教員集団が〝歌唱〟の練習をし、どう伝えるか、自分たちの腑に落とし、個人としても日頃、自然の美しさを感じ入ったり、自分の音楽的感性を磨く努力も必要になります。でも何より、子どもの心に届けたい、と教員集団の気持ちが響き合い、ハーモニーとなることが大切なのでしょうね。

（「みんなのねがい」２０１１年7月号、全国障害者問題研究会）

やっぱり本物じゃなくちゃね！

元滋賀県立特別支援学校教員　古日山守栄

二胡、ピンクのバラ、濃いめのミルクティー…。今も毎日の生活のあちこちで羽田先生が笑顔で「あら、あなた、これはこうした方がいいのよ、だってほら…」と柔らかい声で話すのが聞こえるようです。

八幡養護学校の職員室。ぽかぽかの日差しが窓から差し込む朝、きれいな声がして外を見たら、羽田先生が歌いながらアヤちゃんの手を引いていました。気持ちいいなあ、こんな風に話しかけられたら笑顔になるなあ、私もこういう風に子どもたちに語りかけられたらいいのになあ…先生1年目の私はそう思いました。

2年目の文化祭。小高（小学部高学年）の劇発表は『たつの子太郎』。太郎のお母さんが登場する場面の笛の音は、中学部の盛井先生のフルートの生演奏。「やっぱり本物じゃなくちゃね！」。あの時も羽田先生は「本物」にこだわり、生の演奏を依頼してくれはったんですよね。盛井先生の演奏で子どもたちも私たちもぐんと力が湧きました。30年以上たってもあの劇のシーンの一つひとつは今もまだ鮮明です。

八幡養護学校を羽田先生が去られた日。離任式の体育館。先生は「あなたが夜明けをつげる子どもたち」（笠木透作詞、細田登作曲）をみんなに贈ってくれました。「あなたの生命より偉大なものは何もないんだ、この地上には」「あなたが未来に生きる子どもならみんなで一緒に歩いて行きなさい」…体育館に響く澄んだ声に、みんなジッと耳を傾けていました。本物の感動はことばや時間を超えて心に刻まれ、つながっていくんですね。

長野で開催された全障研大会。分科会に参加する卒業生のチハルちゃんの交通費が足りなくて、羽田先生の車に乗せてもらって3人での長野旅行。宿泊費も浮かせようと羽田先生のご主人の会社の保養所に泊まり夜中までのカラオケ。私の歌う「天城越え」に「あら。へえ。これはいいわねえ」と言って、知らない歌なのに途中から一緒に歌ってましたね。チハルちゃんが何とも言えない顔で先生と私の「天城越え」を聞いていたのが懐かしいです。「ちょっと変わってるけど…すごくいい先生やね」とチハルちゃんが言っていました。

『冬のソナタ』のペ・ヨンジュンはチュンサンとミニョン、どちらの役がいいか。ドラマの役柄やストーリー一つにも大激論でした。命を慈しみ毎日の生活をおろそかにせず、文化を紡いで次の世代に手渡していく…未だにそんなことできない私ですが、羽田先生に問いかけながら一歩ずつ進みますから見ていてくださいね。

はらぺこあおむし

7

「ふれる・えがく・つくる」ものを創りだす喜び〈2011年〉

肢体障害の子どもたちは手を使うことが苦手

　ここまで、重症心身障害児といわれる子どもたちの中に、言葉は発しないけれど、毎日名前呼びに答える自分と友だちに出会うことを喜び、お話の世界で具体的な手応えをもちながら楽しみ、大きな舞台でクラスを越えたダイナミックな集団として、緊張しながらもともにお話の世界を創っていく中で大きく成長することを述べてきました。また、豊かな音楽的感性を年齢相応にもっていること、そこに焦点を当てていく音楽実践の中で、私たちの意図を越えて音楽を楽しみ、表現する子どもの姿についても述べました。考えて見れば、これらの取り組みは本来、子どもたちが好きな学

習活動です。ですから、子どもの気持ちや願いに寄り添いつつ、こちらの意図を大胆に組み入れていっても子どもたちはすばらしい姿を見せるわけです。

ところが、「ふれる・えがく・つくる」の学習は、肢体障害の子どもたちの多くが苦手意識をもっています。口腔内や手のひらが過敏で、物に触れることを拒否したり、触ったとしても、教師の〝やらせ〟に終わり、子どもの表情はピクッとも変わらない、こわばる、あるいは寝てしまうことを多くの教師は経験していると思います。

彼らは、障害ゆえに、自ら外界に働きかける経験が乏しく、狭い感覚と経験の中で生きているといえます。だからこそ、幼いときから、感触世界、経験を広げるために、保育・療育の中で感触あそびにも取り組みます。そして、そのことで外界への興味・関心を広げ、能動的な手の動きを見せるようになった子どももいますが、〝手で何かをさせられる〟意図に過敏に反応し、活動を拒否する子どもたちもいます。

ありちゃんがそうでした。一方の手でタオルを振り振り、もう片方の手で頭を掻きながら入学してきました。タオルとほ乳瓶以外は「絶対、持ちません」と強く抵抗し、それでもお話あそびの中でならイチゴを持ってお弁当箱に入れたり、自分用のリュックを大事そうに持つ姿を見せていました。しかし、筆などを持たそうとすると、持つけれども泣き出して放ったり、手を引っ込めて拒否する姿が続きました。そんな彼女の気持ちに寄り添いながら、忍耐強く誘いかけ、少し手先が向いてきたときをとらえて、道具を持たせ、動かし方を教えると、日をシバシバと瞬かせながら全身に力を入れて道具を握り込み、わずかに筆を上下にトントンと動かす、またはスイートポテトづくりで麺棒をトントンと打つ姿を見せるようになりました。そして、その行動を思いっきりほめ、その結果をしっかり見せて意味づけしていきました。

ある日、お家でお姉ちゃんが寝そべって絵を描いているそばで、ありちゃんも寝そべりながら、いつのまにか、同じようにクレヨンを持って紙に描きはじめたということを聞きました。

「これだ！」と思いました。つまり、大人の意図に敏感で、強い拒否意識をもつありちゃんにも「お姉ちゃんと同じようにしたい」という願いがあり、まわりの誰にも強制されない中では、自分からクレヨンを握った、ということです。指導方法としては、大人がありちゃんと並ぶ形でさりげなく手本を見せ、友だちの活動を見せながら、自分から「やりたいなあ」と思うときを待つようにしました。しかし何よりも、「やりたいなあ」と思いたくなる活動、達成感がもてる活動が大切です。また、ありちゃんの内面的発達から考えても、感触あそびに終わるのではなく、〝つもり〟がもてる活動を考えることにしました。

2年生の5月の鯉のぼりづくり。丸い小さな紙にクレヨンで描いて、鯉の本体に貼って「鯉のぼりをつくるよ」と説明し、「上手に描くんだってね」と横から紙を差し出すと、クレヨンを自分から持って薄い線をいくつも描くありちゃんの姿がありました。このような取り組みの中で、「ふれる・えがく・つくる」のどの活動でも、目を大きく開けて「フムフム」とうなずくように説明を聞き、自信をもって取り組むありちゃんに成長しました。その中でも、もっとも苦手な粘土活動で、手本を見せてからそっと離れると、自分で道具を選んで持ち、熱心に粘土板にひっかき模様をつけていた姿を忘れることができません。

〝ものづくり〟の喜び、表現する喜び！

手応えがもてる、または値打ちを感じる活動とは？　これには、ずいぶん苦心してきました。

歴代の〝拒否王（女王）〟たちの成長を振り返ると、彼、彼女たちが受け止めやすく、手応えがもてる、または値打ちを感じる素材や道具を工夫し、友だちの活動をとらえることができる配置や働きかけをし、わずかでも自分から活動に取り組む姿を集団の中でしっかり評価し、意味づけてきたことが大きいと考えます。

活動そのものは、タンポを持って上下に振ってたたきつける、大きなスタンプを押すなど子どもができる簡単な操作であっても、Ｔシャツに模様をつけ、自分が活動している姿の写真をアイロンプリントし、みんなで運動会で着る、という内容にしました。

そして、子どもが模様をつけたＴシャツをみんなに見せて「〇〇ちゃんのＴシャツ、ほらこんなにかわいいねえ」「◇◇ちゃんのは車がいっぱいだねえ」とそれぞれの個性をほめて意味づけると、子どもはちらっと、あるいはジーッと見つめて「ボクがつくった」「ワタシのＴシャツ」という気持ちになります。

また、道具の魅力も大きな要素として位置づけてきました。

次の時間に自分のＴシャツに自分が活動している写真をアイロンでプリントしますが、お母さんが使っているアイロンにあこがれている子どもたちは、好奇心いっぱいの表情で、手をおそるおそる出してきます。一緒に「ギューッ」と押しつけたりすると、やがて自分からアイロンを押し動かし、貼れた写真を見て得意満面になります。

ただ、自分がつくったTシャツをどこまで覚えているかな、という不安がありました。

しかし、完成したTシャツを教室に飾っておき、運動会当日に着せると、私たちの不安を吹き飛ばすようにニコニコと上等の笑顔を見せる子どもたちなのです。これまでの連載で登場したももちゃん、よっちゃん、みっちゃん、しほちゃん、ともくん、みんなそうでした。ももちゃんは、自分の写真を人差し指でタッチして「わたし」と何度も伝えていました。

〝ほんものに出会う、芸術家に出会う〟喜び！

子どもたちは日々の実践で少しずつ、能動的な姿を見せるようになりますが、芸術家との出会いは大きな結節点になりました。

滋賀県では、数年前から、〝ほんものの文化に出会う〟という趣旨で、県の文化振興課と県下の美術館、博物館や若手音楽家が、NPO法人のコーディネートのもと、地域の子どもたちに文化と出会うプログラムを広げてきました。

障害児の授業とも連携を、という積極的な意思と、草津養護学校の〝豊かな文化を子どもたちに〟という思いがつながり、2006年度から芸術家との様々な連携授業が試みられてきました。その中でも、陶芸家との出会いは衝撃的でした。

連携授業に向けて、木槌で打ち付けた粘土に色をつけて「おさら」を作ってきました。1年生のももちゃんは、1学期の積み重ねで目を手元から頑固にそらしながらも道具を持って操作し始めるようになっていたのですが、9月の粘土の取り組みではとりあえず木槌を持って打つものの、もう一方の手で自分の髪を掴んで引き抜く、という姿を見せていました。すべての学習に入れるようになっていたものの、彼女は髪を引き抜くことで、ストレスから逃れようとし、また拒否的な気持ちを伝える手段となりはじめていました。

そんな彼女に陶芸家は無理強いをしませんでした。一緒にかわいい型やはんこを押すことを彼女の気持ちに合わせて働きかけていました。長細い粘土板に模様や型押しの穴を開けて、ランプシェードをつくる活動でしたが、誰もそばにいない時に、ももちゃんは自分の指跡を確かめるように粘土板の模様をさするように触っていました。そして、それを筒状にすると、「わたしが作った」と嬉しそうに両手でタッチしているのでした。3年生時の連携授業では、自分から粘土に指を突き刺すように働きかけ、釉薬《ゆうやく》を筆でいっぱい塗りつけたのでした。1か月後、焼き上がったお皿を指さし〝タタッ〟と歓喜の声を上げたのでした。

粘土をつかんで、口に入れたいともくん。陶芸家が差し出した粘土板の端を掴みちぎりました。そのとき、「それでいいんだよ」と言われ、ハッとした表情をして粘土を口に入れずに陶芸家を見上げ、わずかに笑みを浮かべたとのことです（この時は担任はしていませんでした）。陶芸家の大きな包容力とオーラを感じた彼は、感触の世界から1歩外へ踏み出す大きな機会を得ました。

こうした芸術家との出会いで見せる子どもたちの姿に、教師自身も感銘したり、感性が磨かれる場となり、普段の授業の質を向上していく機会となります。

こうした教師集団の感性の響き合いもまた、授業を創造するエネルギーともなるのではないのでしょうか。

（「みんなのねがい」２０１１年8月号、全国障害者問題研究会）

羽田先生を偲んで

特別支援学校教員
花木　誠

ピンクハウスの衣装を身にまとい、ソバージュの髪をなびかせながら、時間など気にせずに颯爽と現れる…。ワイングラスを片手にブルーチーズをたしなむ…。そんな優雅なイメージもありますが、職員会議等の場面では、絶えずその議題が〝子どもにとってどうなのか…〟を追求する。話は長く、時には重く、〝またか…〟と思う人もいたかもしれません。しかしそれが、子どもたちにとってプラスにならなければ、徹底的に話をする、わかりあえるまで意見を交わす、そして自分を貫く…。そんな姿勢が随所に見られました。

特に重篤な子どもたちのこと、命にかかわること、平和にかかわること、そして日々の授業のことを絶えず考え、そのことが学校作りや地域社会作りにつながる…と実践され続けたと思います。僕自身、そういう姿勢や日常のやり取りの中で、命の尊さや授業の大切さを学ばせていただきました。そんな羽田先生の思いを少しでも受け継ぎたいと微力ながら毎日頑張っています。

8

〝感じる喜び〟〝わかる喜び〟を友だちと共有する授業づくり！

子どもの願いに耳を傾け、語りかける！

これまで、何らかの移動手段はもつけれども、手指の操作力に苦手意識をもち、言葉を発しない子どもたちが、［朝の会］や［みる・きく・はなす］のお話あそびの活動の中で、生き生きと言語的な認識やつもりを発揮し、値打ちある自分に出会い、友だちを意識する姿や、［うた・リズム］においても豊かな音楽的感性を表す姿、［ふれる・えがく・つくる］で苦手意識を克服しつつ、〝ものづくり〟の喜びや、〝表現〟の喜びを表す姿を紹介してきました。

登場してきた子どもたちは、比較的元気で、移動手段をもち、発達的にも力があるように見えます。

しかし、授業の中でこの子どもたちが発揮している彼らの力は、日常的には見えにくくわかりにくいものです。

授業づくりには、子どもの内面にひそむ発達要求や願いをつかむことがまず大切になります。そして、学校教育の目的である〝人格の完成〟にむかう方向性をもった教育目標と教育内容として具体化し、指導するのが教師の責任です。どんなに魅力的な教材でも教師の思いが先行しては、子どもの心を素通りした実践となってしまいます。

実際、私も多くの失敗と反省を重ねてきました。それでも、「子どもの発達について、きちんと学びたい」と何度も思い、個人的にも、また職場での研修や全国障害者問題研究会（全障研）のサークル活動などで集団的にも学ぶことを大切にしてきました。そして、そこで得た知見から、より客観性や深さをもって子どもを見つめてきました。しかし、「もっとも大きな学びは子どもたちから」といえます。

私は、1979年の養護学校義務制実施の年に、重症心身障害児施設第二びわこ学園内にあった滋賀県立八幡養護学校野洲校舎で初めて障害児教育にたずさわりました。校舎に通う学齢期をすぎた園生13名の半数以上は、映画『夜明け前の子どもたち』に登場していた人たちで、「学校へ行きたい」という強い願いをもち、言葉で語る人もいました。私は、話し言葉をもたない、あるいは表面的に話すことはできても自分の願いをもちきれない人たちを担当しました。それから32年間、子どもたちの心の声を聞きたい、語りあいたい、そして願いを引き出したいと、もがき続けてきたように思います。

まだ、療育が不十分であった80年代は〝笑顔の獲得〟を第1の目標として、揺さぶりあそびや感触あそびを実践の軸としてきました。9歳にして初めて笑ったゆみちゃん、目が合わなかったけど毎日歌いながら支え歩行をする中で自分から日を合わせ笑みを浮かべるようになった洋子ちゃんなど、多くの子どもたちに励まされてきました。

しかし、だんだん、〝笑顔の獲得〟の課題を越える子どもたちの存在に気づき、悩みが深まっていきます。

20年前に出会ったいくまくん、強い麻痺をもち寝返りも難しく、車いすに座ると常に手もみをしていました。話しかけると笑ったり声を出し、まわりをよく見ていました。もちろん揺さぶりあそびで大喜びしますが、「次はね…」と言うだけで笑ったり、「みる・きく・はなす」のお話あそびの途中で、次の場面に登場者が出てくる扉をチラチラと気にする様子を見せるのです。お父さんから、麻痺がまだ強くなかった3歳頃は、読み聞かせで自分でページをめくろうとしたり、歯ブラシの先を口に入れて磨こうとする仕草もあったことを聞きました。

そこで、私はいくまくんが少なくとも1歳半の発達を越えて幼児期の発達課題にさしかかっているのでは、という仮説を立て、お話あそび『ブレーメンのおんがくたい』の授業を毎回ビデオで録画

ブレーメンの音楽隊

し、彼の視線や表情、発声、手足の動きが授業の文脈の中でどのように変化するのか記録し、検討してみました。すると、ある場面で必ず注目し、手もみが緩やかになったり、「それではブレーメンへ行こう」と言うやいなや、必ず笑って声を出して両手をあげるなど、次の場面を予測したり言語的働きかけに対して、明確に自分なりの表現をしていることが明らかになったのです。

毎日の教育実践では、子どもが出している微細な表情の変化や目の動きの意味を、多くの情報がある中で、瞬時にとらえて子どもに返してやりとりする感性、直感力がとても大切になります。若い先生たちのなかで、こうした天性の感性をもつ人に出会うと嬉しくなります。しかし、子どもの心に耳を傾け、語りかけるための感性は、子どもが表す微細な表現を逃さず、事実として把握し、授業や働きかけの文脈の中での意味を、子どもの内面の表現としてとらえなおす努力と、担任集団の中で常に事実を確かめ合い、子ども観を共有していく営みなくしては磨くことができないのではないでしょうか。

その後、入学してくる重症心身障害児の中に、言語的感性をもつ幼児期の発達課題をもつ子どももいることを想定するようになり、ありちゃんやももちゃんと

三上山のむかでたいじ

出会いました。

〝重度の子どもたちに文化を〟!

義務制実施後、すべての重度の子どもたちにも学校教育が保障されるようになりましたが、何をすればいいのか、授業とは？　と、手探りの状況でした。その中で義務制実施の10年も前に「すべての子どもにひとしく教育を保障する」と開校した京都府立与謝の海養護学校の公開研究会に出かけました。そこで、重症児に対して魅力的な人形や歌声で演出されたお話あそびで働きかける実践に出会いました。その実践は、文化的にすぐれた教材を通して〝外界への興味関心を高める〟ということだったとは思いますが、私は、その時から「重度の子どもたちに文化を」ということを実践課題としてきました。

ストーリー性をもったダイナミックな揺さぶりあそびなど子どもの気持ちや発達を飛び越す失敗をしつつも、あることに気づいたのです。

私たち自身が人間としてあたりまえの文化・教育にどのように出会ってきたかをかえりみたとき、お話を楽しむこと、豊かな音楽に親しみ感性を高めること、肢体障害をもっていてもその子なりの表現の喜びを味わうこと、そして、それらを友だちとともに共有することなど、通常教育と共通する教育の普遍的な価値に気づかされたのです。

そうすると、教材づくり・授業づくりは、子どもたちの発達や障害、生活年齢、生活における願いに思いを寄せながらも、教師（集団）自身が魅力を感じ、子どもたちに伝えたくなるような教材を選び、つくることがとても大切になります。例えば、同じ『おむすびころりん』を教材にしても、「繰り返しがあるし、子どもにもわかりやすいから」と取り組むのと、「♪おむすびころりんすっとんとーん♪の響きとワクワク感、そしてお餅をつくハレの気分に出会わせたいなあ」と取り組むのでは、教材づくりへの思い入れや授業での息づかい、子どもに伝わる空気がまったく異なってくるのではないでしょうか。

また、教材をつくるとき、教師それぞれの持ち味や得意技が発揮され、また自身の力量を開拓することも含めて、教師それぞれの文化性が融合されていくことで、教材・授業への互いの思いが深まっていきます。

ところで、こうした教師集団としての教材観の深まりや指導内容での共通確認を越えて、授業という〝生き物〟が存在します。

ももちゃんが、1年生の秋、文化祭の発表劇『孫悟空』をクラスでも取り組んでいたときのことです（本章5）。クラスでは、悟空のやんちゃぶりだけではなく、金角に教典を取られ、あとでやっつけて取り返すという活動を付け加えて取り組みました。

いつも優しい畑山先生が青い面をつけ、中国服を着て金角として登場しましたが、ある日、「教典を渡せ！」とすごみをきかせて子どもたちに迫りました。そして、本気で怖がって教典を渡してしまったよっちゃんを、あろうことか、金角が抱えて岩場に閉じ込めたのです（いつもは子どもたちが自ら岩場に向かっていたのです）。よっちゃんのドキドキ感はいよいよ高まり、その次に金角と闘うときのよっちゃんの刀さばきにはいつも以上の力がこもり、倒したあとの達成感あふれるよっちゃんの笑顔を忘れることができません。授業後、畑山先生に聞くと、前の日から「明日はどのように出ようか」とワクワク考えていたとのことです。

指導案や当日の打ち合わせでは盛り込みきれないそれぞれの思惑やあそび心が子どもたちに響き、供応しながら、授業は教師たちと子どもたちとのコラボレートして生み出されます。

最後に、魅力的な授業づくりには、学校全体に実践研究が位置づけられることが重要です。つまり、実践研究は、子どもたちの姿や授業を互いに理解し合ったり、励ましたり、ときに厳しい意見も受けて、クラス・学部を越えて子ども観、授業観の共通理解を深め、明日の実践、明日の子どもたちの育ちに普遍的な展望をもつ教育課程づくりにもつながる大事な場なのです。

学校によって、研究を位置づけている組織や研究方法、研究への意識は異なりますが、実践研究を通して、「明日の授業が楽しみ！」と元気をもらい、主体的な研究ニーズや授業づくりへの感性が高まり、子どもが主人公となる教育課程づくり、ひいては学校づくりにつながると考えます。

（「みんなのねがい」２０１１年9月号、全国障害者問題研究会）

羽田先生へ　愛をこめて…

滋賀県立特別支援学校教員　珠久　彩

思い出すのは、子どもたちの未来のために戦う姿と、だれもを味方にするようなキラキラとした笑い顔。全力で行われる授業は、とても丁寧で、それでいて力強く、もっと続きが見たくなるようなものでした。毎回撮影されていた学習の様子、子どもの姿…。一つひとつの授業はそのとき限りで、同じ学習でも同じものは絶対にないのだという当たり前のことが、当時の自分には見えていなかったのだなと改めて感じながら、羽田先生と一緒に担任した1年間、同じ方向を向いてたくさんの話をしたことを思い出しています。

この年、先生に誘われて、〝Sちゃんの姿から考える『学校』って…〟というような内容でレポートを書きました。レポートの内容にたくさん助言をいただきたい思いでしたが、先生に直されたところは、私の名前、「珠久彩」が、「しゅくあや」になっていただけでした。「だれも読めないでしょ?」と。

私の書きたい思いすべてをそのままに受け止めていただき、レポート発表の際には静かにサポートしてくださいました。

年齢も教師としての経験も、うーんと違いがある先生と私。けれど、同じ思いで子どもたちの話をするとき、先生は私を一人の教師として、私の話を聞き、私の意見を尊重してくれるのでした。こそっとつぶやいた一言さえも逃さずに、「珠久さん、それはどういうこと?」「どんなことがあったの?」「どう思ったの?」。たくさんの質問に、私はどのように考えていたんだっけ？と、頭を必死で整理して伝えようとしました。昔も今も、話すのが苦手で、話せば話すほど結論が見えずに深みにはまる私の話を、優しく受け止めてくださることが本当にうれしくて、そんな先生が大好きでした。

子どもにも、私たち大人に対しても、そのすべてを認め、可能性を広げるためになんでもしてくれる、そんな安心感がありました。

子どもたちにほんものを伝える、子どもたちに文化を伝える学習を…。私は今、羽田先生の姿を思いながら、授業をつくり、子どもの話をしています。ほんものの音、味、だれもが持っている感覚…。五感をいっぱいに使って感じ取ってほしいと願いながら授業をつくります。感じ方はそれぞれ違っていても、感じ取ることに時間の差があっても、だいじにだいじに子どもたちに伝えます。子どもたちがその思いを受け取り、応えてくれる瞬間、それがとても愛おしいのです。

今まで私が出会ってきたかわいいかわいい子どもたち、これから出会う素敵な子どもたちの話を、先生に聞かせたくてたまらない！　きっと、子どもたちと同じようにキラキラと輝く目で、私を見て、頷きながら話を聞いて、たくさんの質問をされるのでしょう。そんなことを思いながら、私はこれからも、子どもたちと毎日の授業に、たっぷりの愛情を注いでいこうと決心するのです。

先生が撮ってきた、たくさんの子どもたちの「どうだ！」「やったぞ！」という得意気な顔、輝く姿に負けないくらいの、生き生きとした子どもたちとの毎日を、どうぞ見守っていてくださいね。

先生とおそろいの、パステルカラーのサンダルを履いた1年間、愛にあふれた毎日が本当に幸せでした。

[教材として使われた書籍・歌]

ターザン　ディズニー映画

『おむすびころりん』日本の昔話　作：與田準一　絵：渡辺三郎　1967　偕成社

『エルマーのぼうけん』ルース・スタイルス・ガネット　1963　福音館書店

『三びきのこぶた』イギリスの昔話　1967　福音館書店

『スイミー』レオ・レオニ　1969　好学社

ウンパッパ　作詞・作曲：ライオネル・バート

殿様蛙出世小唄　作詞：福尾野歩　作曲：才谷梅太郎

雨の遊園地　作詞：谷内六郎　作曲：中村八大

うさぎ　日本のわらべうた

星に願いを　作詞：ネッド・ワシントン　作曲：リー・ハーライン

一瞬の「いま」を　作詞・作曲：林光

「物をなくす」(『あのころ』)　さくらももこ　2004　集英社

『枕草子』清少納言　1962　岩波文庫

花笠音頭　山形県の民謡

太陽がくれた季節　作詞：山川啓介　作曲：いずみたく

ビビデバビデブー　映画『シンデレラ』劇中歌

おおブレネリ　スイス民謡　作詞：松田稔

フニクリ・フニクラ　作曲：ルイージ・デンツァ　作詞：ジュゼッペ・トゥルコ

ホ！ホ！ホ！　作詞：伊藤アキラ　作曲：越部信義

『ねずみのすもう』作：神沢利子　絵：赤羽末吉　1983　偕成社

『ももたろう』松居直　1965　福音館書店

『ピン・ポン・バス』竹下文子　1996　偕成社

『一寸法師』日本の昔話　2001　講談社

『孫悟空』2002　講談社

『ブレーメンのおんがくたい』グリム童話　1964　福音館書店

『シンドバッドの冒険』2004　偕成社

『走れメロス』太宰治　1954　新潮社

『三びきのやぎのがらがらどん』ノルウェーの昔話　1965　福音館書店

歌えバンバン　作詞：阪田寛夫　作曲：山本直純

たんぽぽ　作詞：葛原しのぶ　作曲：本居長世

春の風　作詞：和田徹三　作曲：広瀬量平

ドングリ坂のドングリ　作詞：新沢としひこ　作曲：中川ひろたか

小さな木の実　作詞：海野洋司　作曲：ジョルジュ・ビゼー

森の小人　作詞：玉木登美夫・山川清　作曲：山本雅之

不思議な月夜の音楽会　作詞：新沢としひこ　作曲：中川ひろたか

白い道　ヴィヴァルディ　作詞：海野洋司

白鳥の湖　チャイコフスキー

第2章

羽田先生の実践を引き継いで

1 障害の重い子どもの「やりたい」思いを引き出す「みる・きく・はなす」の実践報告

小学部低学年の子どもたちと作る『三びきのやぎのがらがらどん』

滋賀県立特別支援学校教員　角　智子

はじめに

私が羽田先生と出会ったのは二十数年前の草津養護学校に転任されてきたときです。転任されてきた先生方が紹介される職員会議の場で、前に立ち挨拶される羽田先生のことを、私の隣に座った堀川先生が「彼女はすばらしい実践家ですよ」とうれしそうに言われたのを覚えています。そしてその翌年から2年間、同じクラスの担任になり、その素晴らしい実践だけでなく、日々の実践に、ご自身の研究に全身全霊をかける姿勢、子どものとらえ方など本当に多くのことを学ばせていただきました。初めて見た羽田先生の「みる・きく・はなす」の授業は『アラジンと魔法のランプ』。男性教師がターバンを巻いたアラジンに、そしてご自身はジャスミンに扮し、音楽、話術で子どもたちを一気にお話の世界へ引き込む様子、情熱的な授業は忘れられません。ごいっしょさせていただく中で教えられ、自分が今も試行錯誤しながら学習を作る上で大切にしてきていることを実践を通して紹介したいと思います。

大切な学習の導入

２０１７年度２学期、年度初めからの新入生と転入生、さらに２学期からの転入生を迎え、５人集まった子どもたち。まだこれから私たちとの関係を作っていく転校生のともきさんを含めて、子どもたちにわかりやすく楽しい取り組みにしたいと考えました。２学期前半に取り組んだ『にじいろのさかな　うみのそこのぼうけん』（マーカス・フィルター、２００９、講談社）では、導入で大きな青い布をはためかせて波に見立て、海の世界へといざなう場面づくりをしました。あゆみさんは頭上で風をはらんで揺れる布を見上げて大きな声を上げて気持ちを高め、期待感をふくらませました。そしてその後に部屋を暗くしてオーロラライトで青い揺らめきを壁に映し出し、海の中のイメージでお話を始めると、表情は真剣になり、海の中のお話の世界へぐっと気持ちを向ける子どもたちの集中力を見せてもらいました。

２学期後半に取り組もうと選んだのは『三びきのやぎのがらがらどん』（１９６５、福音館書店）。古くからある北欧民話で、小学部では使われることの多い題材です。大事な導入をどうするか。がらがらどんの生まれたノルウェーって？　山へ草を食べに行くって？　どんな感じなのだろう。子どもたちにとっても私にとっても非日常的で不思議な知らない世界。それを伝えていくためには、視覚からも、聴覚からも、イメージできる映像や音があるとよいのでは、と考えました。トロルが棲むガタピシと鳴る橋…、絵本から見えてくるのはひと気のない、うっそうと茂った木々に囲まれたところ。そんなイメージの森の画像を集め、伝えていくためにパワーポイントでがらがらどんの棲む世界をスライドショーにし、壁面にプロジェクターで大きく映し出すことにしました。BGMには、同じクラスの音楽の先生に教えてもらったhatao & namiさんというフルート奏者とハープ奏者による北欧音楽の『森の時間』というCDから、『森の時間』という曲を使いました。ケルトの笛の音色、やわらかく優しく心に響く音楽。この音楽が作ってくれる森にいるような世界観。音楽の大好きなゆりさんは、この曲にじっと耳を傾け、真剣な表情で聞きます。回数を重ねる中で、歌うような声を出すようになりました。音楽にもこだわり、本物の文化を子どもたちに伝えることの大切さは、羽田先生に教えてもらったことです。学習で使う曲選びでは、子どもたちは高い音楽性を持っている、耳慣れた子ども向けの歌だけでなく、様々な音楽を心豊かに感じ受け止める、とこだわりや根拠を持っておっしゃっていました。

そして、取り組みを重ねる中で、森の画像が映し出される前から、教室前のホワイトボードを子どもたちはじっと見つめるようになりました。『森の時間』が流れ、『がらがらどん』の世界がそこに始まることを期待して。

友だちが楽しそうに活動する姿を見て、思いを高める子どもたち

首につけた鈴の音が鳴り、小さなやぎのがらがらどんのペープサートが登場すると、ゆりさんの表情が緩み、がらがらどんは温かく迎えられます。「こんにちは。僕は小さいヤギのがらがらどんだよ」。毛糸を巻いてふわふわにしたペープサートのやぎに触れながらやりとりすると、声を出して答えるゆりさん。

すると、だいごさんがその様子をじっと見つめ、自分のところにも来てほしい、と思いを高めているようです。そして、自分の前に来たがらがらどんを、まずは注意深く見て、「こんにちは」に応えるように手を伸ばして「とんとんとん」とやぎに触れます。

さらに隣ではともきさんが、だいごさんの様子をじっと見て期待感を高めています。友だちが楽しそうに活動する姿に引き寄せられて、自分も思いを高めて活動する、友だちの力、集団の力の大きさを感じる瞬間です。

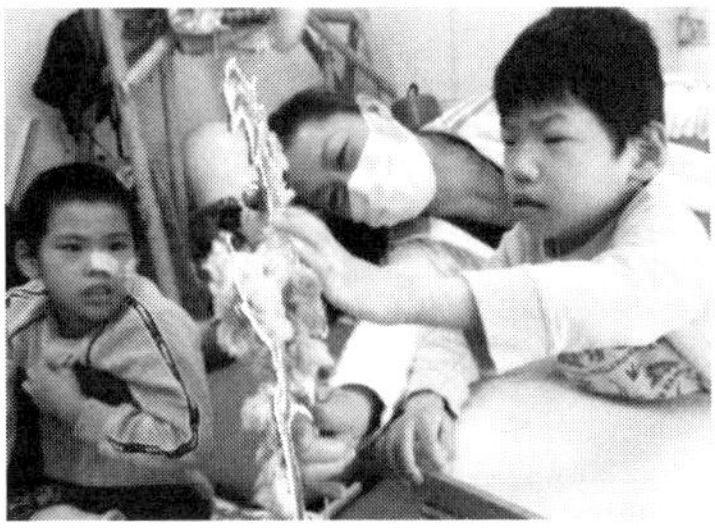

劇遊びの実体験から、やった、できた、という気持ちを高め、自信を深める姿

劇遊びの場面では、みんなの前に出て、橋に見立てたベンチの上を、支え歩きやまたがった姿勢で進みます。渡りきると、ペープサートのトロルが出てくるのです。「ぐりぐり目玉は皿のよう」、ま

さしくぐりぐりとした飛び出そうな大きな目玉のトロルは子どもたちには怖いもの。初めのうちは自分から向かう姿はありませんでした。でも回を重ねる中で、この場面はやりたい場面になっていき、前に出て活動すること、それをみんながほめてくれることで出番の価値が高まりました。

叩く動きの得意なだいごくんはトロルに手をのせてパンパンと叩き、倒します。でも「もっと！」「もう1回！」を誘い出すべく、倒れそうになったところでトロルはまた起きあがってくる。その繰り返しの中で、倒すことの困難さ、手応えが高まるのを感じ、自分がやったうれしさ、達成感を味わいました。

けんたさんは橋の上で教師といっしょにトロルとの押し合いが始まると声を出してやる気いっぱい。見ている子どもたちも思わず視線を前に集中させています。

あゆみさんもトロルを見ると笑顔になり、手元を見ながら先生といっしょにトロルをやっつける活動に向かいます。そして渡った先には山に見立てたみどり色のビーズクッションがあり、乗ってふわりと身体を預けます。

やぎたちはおいしい草をおなか一杯食べるのですが、そこは歌の歌詞にのせ、ちょっと揺さぶり遊びを楽しむ場面にしました。好きな活動で先生と「楽しいね」を共感し、満足して活動を終えられると、また次回への期待感にもつなげることができると考えています。

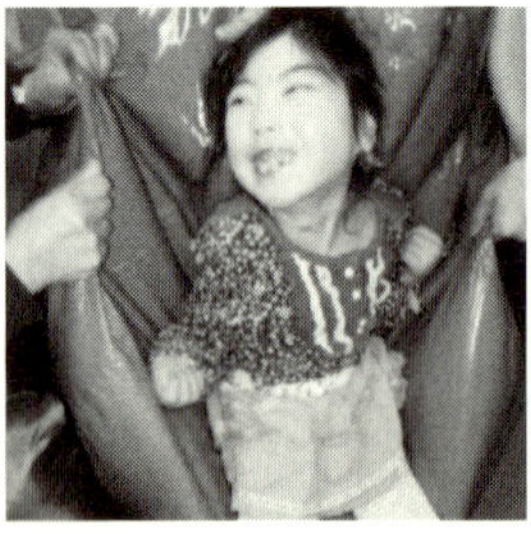

外国の童話は残酷な場面があり、どう子どもたちに伝えるのか、させるのか悩むときもあります。この『がらがらどん』でも、「めだまをでんがくざし」「ほねもにくもこっぱみじん」、というくだりがあります。トロルをやっつける場面、読みながらなんとも怖いことばだなあ、と感じるのですが、大きなやぎのがらがらどんの大きく強いさま、訳者の瀬田貞二さんが選び抜いた伝えたいことば、それは読み手の私たちも大切に伝えていきたいものです。このお話に込めた一つひとつのことばを丁寧に使っていくことを心がけています。

原作者の伝えたい思いを大事にし、お話を伝えていくこと、これも羽田先生から教えてもらったことです。子どもたちの実態に合わせ、自分なりの解釈を加えながらお話をアレンジすることもあるのですが、原作者の描いた世界や、受け継がれる伝統的なお話には、子どもたちへ伝えようとする大事なメッセージが込められています。本物の文化を伝える、子どもたちを明日の文化の担い手として、豊かな感受性を育んでいけたらと思っています。自分の持てる多くはない引き出しからですが、一つひとつの取り組みからしっかりと伝えていく責任があると感じています。

記録から子どもたちの姿を確かめ、検証し、共有して取り組みを進めていくこと

羽田先生は実践をビデオに録り、放課後に何度も巻戻して子どもの動き、表情を細かく観察し、検証していました。時間をかけて仕事をするその姿、取り組み一つひとつを映像で記録していくこ

とを羽田先生と同じように実践していくことは難しいのですが、クラスで協力してもらいながら、文章で記録に残していくことで、子どもの姿が変わっていくことがわかります。複数担任の間で次の取り組みへの改善点が見え、次はこうしよう、とより効果的に取り組めるよう変えていきます。この取り組みでは、カレンダーやマグネットが端のほうに付いたままになっているホワイトボードを真っ白にすること、教師の役割分担を位置も考えながら明確にしていくこと、子どもに合った橋の渡り方…など、自分で気づかなかった意見を他の担任の先生方からもらいながら、整理することで、よりわかりやすくなるし、みんなで作る実践になっていくことを感じました。

子どものやりたいあこがれは、大人が楽しそうにやって見せる姿から

『がらがらどん』の取り組みが終盤を迎えたある日のこと。大きいやぎのがらがらどんが橋を渡るときに効果音で鳴らす小太鼓を、じっと見つめるだいごさんやけんたさん。小太鼓は、学習のサブで指導してくださる先生が中心指導の私に視線を送りながら上手に鳴らしてくれます。その楽しそうな姿、役割に気づいただいごさんやけんたさんは、あこがれの思いを持って太鼓を見ていたのです。

『がらがらどん』のストーリーには直接関係なく、そこをねらっていた

わけではないけれど、そんな役割も子どもにとっては魅力的なのだろうと、バチを渡したところ、思いのほかうれしそうに太鼓を叩いてくれました。「うた・リズム」の学習とはまた違う、喜びを感じながら鳴らす誇らしい笑顔。いつもなら、曲が終わると手にしたものを放り投げてしまうだいごさんが、ずっとばちを離さずに持ってうれしそうに叩き続けているのには驚きました。けんたさんは、太鼓を鳴らす自分の役割に「見て！」とばかりに顔をあげてこちらに視線を送ってきました。その姿を見て、私は前任校で羽田先生と取り組んだ「うた・リズム」でのミニピエロの役割に出番の価値を見出していた子の姿を思い出しました。大好きな先生の姿を見て、あこがれてやりたい気持ちを高める。そして活動する姿は、やる気にあふれたとても誇らしくて素敵な姿。どの子どもたちにも、何らかの形で保障していかないといけないと感じました。

最後に

羽田先生には、私が作ってきた実践や、見届けてきた子どもの成長をレポートにまとめるようにと、よく言われてきました。なかなか自信が持てずに、忙しさも言い訳にしてその作業に向き合わず、発表できる形にまとめたものは数少ないのですが、そんなふうに言ってくださる羽田先生のアドバイスをもっと聞いておけばよかった、と今更ながら後悔しています。

今も担任集団の中で、先生方の持つ専門性や特技などに助けてもらい、いろいろな力の結集の中で、学習が出来上がる喜びを感じさせてもらっています。羽田先生に教えてもらったことをこれからの障害児教育を担う若い先生方に伝えていきたいと思っています。

2 羽田先生から学んだこと！

滋賀県立特別支援学校教員
堀内　章令

研究部に課せられたミッション 羽田先生との思い出！

(1)研究部での羽田先生

たくさんの資料がはさまっている大きなファイルを抱え、ゴールデンルールできちんと入れたオーガニックＴＥＡを手に、息を切らしながら研究部会にやってくる羽田先生。いつも少し遅れぎみ。遅れぎみなのは、きっと…そのとき、そのときを精一杯味わいながら生きている羽田先生だから、つい味わい過ぎて…次に食い込んでしまうのだと思います（笑）。

羽田先生とは、学部が違いましたが、研究部で長いこと一緒にお仕事をさせていただきました。

年々忙しくなる学校現場。クラスの先生や隣の席の先生方とも、ゆったりと話す時間さえなくなってきた厳しい現状もありましたが、研究部会の日は、そんなことも忘れ、部会が終わってからも紅茶のいい香りのする中、実践や研究の進め方の悩みを、さらに、研究の話にとどまらず、教師としてのあり様、人としての生き方、芸術・音楽のこと、文化のこと、いっぱいお話させていただきました。「へえ～」「ほ～」「はぁ～」と目をまんまるにしながら、聞いてくださるので、そんな時間が心地よく、ついつい長い時間お話しすることも度々ありました。そして、わたしたちが話した実践や子どもたちの話をさっとメモに残し、宝もののように、あのファイルにはさんでくださっていました。

(2)研究熱心な教師集団の中で

羽田先生と一緒にお仕事をさせてもらっていた学校は、今思うととっても自由で、子どものことを楽しそうに語り、実践を熱く語る先生たちがたくさんいた学校でした。いろいろな意見をもった先生もいて、意見が対立して会議が長くなるときもありましたが、みんながよりよい教育をしたい、いい学校にしたいと思っていたと思います。

しかし、教師の配置数が徐々に減り、転勤が加速していく中で、学校の生き字引のように学校の核となり、「実践研究の大切さ」「教材研究の大切さ」「教職員集団のコミュニケーションの大切さ」などを、熱量をもって伝え、しっかりと支えてくださっていた先生方が少なくなっていきました。自分たちの学校というより「この学校は」という人が増えてきてからは、クフスをまわすことや、目の前の仕事を処理することに精一杯で、研究そのものや研究部への風当たりがきつくなっていきました。しかし、研究に対し、ネガティブなことをいう人に対しても、羽田先生は、いつも笑顔で、「そうね」「そんな意見もあるわね」といって、さらりとかわす場面がありました。

研究部としてイニシアチブをとりながら、研究を進め、まとめていくことの大変さはありましたが、羽田先生と一緒に進めて来た「教育課程の体系化・まとめ」においては、何より「教育実践づくりの楽しさ」「教育課程づくりの大切さ」をだれよりも多く体感することができました。

「教育課程は、子どもたちの実態や教育実践の蓄積の質により、発展し変化していくものである。今回の教師集団としてそのことをわかちあえることができたのは大きな成果であり、新たな教育実践の質の発展、ひいては、子どもを主人公に保護者と共同する学校づくりのエネルギーになるはずである」（羽田千恵子、２００８）。その意味では、研究部として教育実践の質を深めるミッションを羽田先生から託されたと感じています。

(3)教師の多忙感と研究活動

しかしながら、ますます、教師の複雑多岐にわたる職務に追われている「多忙感」は深刻化してきています。バーンアウトせずに教師自身が充足感を感じながら生き生きと働いていくためには、どうすればいいのでしょうか。「目の前の仕事の処理＋α《プラスアルファ》の研究」となりがちですが、こんなときだからこそ…実践研究を深めていくことで、教師がもつ理念を実現できる〝力量〟を高めていくことの重要性と、子どもたちに様々な「文化」を伝えていくことの大切さをブレナイ信念で言い続けてくださった羽田先生の言葉の意義を再確認し、研究活動のもつ力を再評価していく必要性を感じます。

⑷「理想主義的な教師」と研究の勧め

教師の〝やりがい〟とバーンアウトの研究（秦、鳥越、2003、現代教師の日常性Ⅱ、大阪大学教育学年報）によると、教師の子どもに対する〝教育可能性〟にかなりの信頼をよせ、自ら〝子どもを導く〟影響力を信じている「理想主義」的な教師と、授業改善や子どもとの関係改善さえしていればクラスが良くなるとも限らないと考える「現実主義」的な教師、両者の比較や「自信強」と「自信弱」を比較した結果、「理想主義」的な教師の方が明らかに燃え尽きずに、教師という仕事により充足感を感じられているとのことでした。次から次へと仕事が押し寄せてきて、教材研究をする時間やクラス会さえももてない厳しい状況はありますが、現在も燃え尽きず、仕事にやりがいを感じながら楽しく働けているのは、研究活動を通して改善されていく授業とそれに伴って成長していく子どもたちの姿、クラスやグループの集団性の高まり、さらには、教師集団としてのまとまりや充足感を感じることができているからだと思います。それは、羽田先生のブレナイ信念と「理想主義」的な教師としての熱量を間近で感じてきたおかげだと思っています。

⑸創立20周年研究紀要（特別号）『あゆみ』に救われる

とはいえ、母校のように思っていた学校を離れ、新しい学校にきて3年。日々落ち込んだり、腹を立てたりすることもありました。落ち込むたびに羽田先生と研究部でまとめた研究誌『あゆみ』を開きました。

『あゆみ』には、①発達課題別の目標（中心課題など）、障害に対する配慮事項、生活年齢に対する配慮事項、②集団編成原理や集団編成で大切にしたい観点、③各領域・教科の目標や題材、題材観、評価するときに大切にしたいこと、生活年齢や障害種別で配慮したい点など、20年間の実践研究を振り返り、まとめられていました。羽田先生の力強く、理想に満ちた文章を読んでいると、羽田先生の『熱量』と共に、あのとき話したことがよみがえります。そして、こんな授業がしたいな、こんな視点も大切だなとアイデアをもらいます。新しい学校でも、少しずつ『あゆみ』に書かれた内容を初任者の先生や研究会のときに伝えています。そのおかげで少しずつ変化も生まれています。集団で話すことの大切さを感じます。素晴らしい実践もその教師、その時限りで終わらせず、その実践の値打ちに気づき、系統的な積み上げができるように、今後も研究誌『あゆみ』を〝じんわり〟普及していく中で、「教育実践づくりの楽しさ」「教育課程づくりの大切さ」などの声が聞ける研究にしていきたいと考えています。

「教師の責任と役割、教師の質と専門性」と「教育課程作り」とは？

(1)羽田先生からのあついメッセージ

前任校の創立20周年研究紀要（特別号）『あゆみ』には、何度も読み返し、教師としての責任と役割について何度も考えさせられた羽田先生の文章があります。

> 子どもたち自身が「分かる」喜びや「友だちと触れあったり、信頼しあえる」喜びを引き出し、

明日への期待や人生への願い、生きるエネルギーを高めるなど、豊かな人格形成を育むベクトル、方向性を持つことが重要である。教育の責任と役割ということでもある。

①子どもの内面の声を聞き、内面の育ちを大切にする。

子どもたちを機能別に、また、障害に特化して捉えるのではなく、まるごとの人格として捉える。そのために主体として発達しようとする子どもたちの真の要求をとらえる目を教職員集団は、絶えず鍛え合う必要がある。

②子どもたちは、友だち集団の中で育つ。

友だちと育ちあう中で自らの要求に気づき、自らの価値を感じる。また友だちの値打ちや心に気づくことで、自らを高め、自らを見つめる力となる。何より、友だちと共感しあい、つながりあう力は生きる喜びであり、人格形成の基盤となる。その表裏の関係として教職員の集団づくりがある。

③学校教育の責任として、それぞれの発達段階において、学ぶ喜びを広げ、文化を楽しむ力を育む。

そのために、文化の系統性に発達、生活年齢の系統性を関連させ、理性的に、そして情熱を持って絶えず実践を創造していく教職員集団の育ち合いが必要である。

⑵教師集団に課せられた3つの役割

学校は、子どもたちのわかる喜び、友だちと触れあったり、信頼しあえる喜びを引き出す場所になっているでしょうか？　そんな授業を提供できているでしょうか？　また、子どもたちにとって、学校は、大好きな場所、魅力的な場所、明日への期待をもって通える場所になっているでしょうか？学校をそんな場所にするために教師集団に課せられた役割が3つあります。それは、今までは、特別支援学校の専門性として担保されてきたものでしたが、転勤の加速化、教員配置数の低下、大規模化、教師の複雑多岐にわたる職務による多忙化により、難しくなってきています。羽田先生からの我々に託された課題を再認識し、我々は情熱をもって絶えず実践しなければなりません。

①発達を基盤に据え、発達保障の観点で教育を行うこと。豊かな人格形成をめざした教育実践を展開させること。

②（発達をベースとした）集団の教育的意義を捉え、子どもたちが豊かに育ち合う実践を生み出す指標となる「集団編成原理」を深化させていくこと。

③教育の本質や普遍性を探り、12年間の教育として、教育活動の全体の構造と、各学習のねらいや内容における小中高の系統性や、発達別における教育内容の全体の構造を明らかにした「教育課程」づくりを行うこと。

しかし、教育課程、集団編成原理が作られたとしても、障害の重度化、発達段階の多様化の問題は、教育課程の編成においても、集団編成においても複雑な問題を投げかけています。子どもたちの実態や教育実践の蓄積の質により、発展し変化していくものです。さらには、新しい教育改革や、世界的な教育方針の変化に対しても実践的な検証が求められます。

つまり、教育の本質や普遍性を探り、教育課程やカリキュラムを創る専門性と、新しい変化に対応し、情熱を持って絶えず実践を〝創造〟していく専門性と、教職員集団として集団的に議論を深め、

〝高め合う〟集団の質が求められると考えます。

(3)教育課程の自主編成の現状と課題

さて、では、具体的にどう進めたらいいのでしょうか?

学習指導要領には、教科の目標や内容は記載されていますが、障害が重度化、重複化、多様化している障害児の教育における指導の内容や方法を明確に位置づけることは難しく、「教育課程の自主編成」が各校でなされています。それは、学校ごとにまかされ、実践的な検証をする中で、学校のカラーとして教育課程やカリキュラムが作られます。

指導の形態として、「教科等の指導を合わせた指導」の中の「遊びの指導」を子どもの発達を促す重要な活動として考え、小学部低学年から中学年の教育課程に位置づけて、中核的な学習活動として取り組んでいる学校、児童生徒の実態やニーズありきのボトムアップ的な視点から「生活単元学習」を採用している学校、学習指導要領ありきのトップダウン的な視点で教科指導と授業づくりをしている学校と様々です。そのため、転勤するとその学校の教育課程を理解するのに時間がかかったり、転勤が加速していく中で、その教育課程について説明できる人がいなくなってしまい、文章として残っているだけになってしまうといった事象が起こります。

(4)トップダウン的な視点とボトムアップ的な視点の固有の融合

「授業作りにおいて、どちらの視点にも過度に傾斜してはいけない。トップダウン的な視点に過度に傾斜すれば、教科指導が児童生徒か実生活から遊離する危険性が高まりやすい。…ボトムアップ的な視点に傾斜すれば、その教員の恣意が強く作用しがちになる。…また、合わせた指導による様々な経験の中で教科的なことが自然に学べるというのは、乱暴な発想でもある」（清水貞夫、玉村公二彦、障害児教育シリーズ『障害児教育の教育課程・方法』２００３、培風館）。

そこで、前任校では、トップダウン的な視点にも、ボトムアップ的な視点にも過度に傾斜しない、新たな考え方として、玉村公二彦氏が分類する「７つの教科内容の区分」で教育実践を整理していました。「７つの教科内容の区分」とは、既成の「教科」概念からではなく、人類が蓄積してきた文化財のうち、人間の普遍的な発達に意味あるものとして教育的に選択された内容として、文化の系統性に則して分類され、子どもの発達の系統にしたがって配置されたものです。具体的には、［身体・健康］［芸術・表現］［言語］［数量・算数］［自然認識］［社会認識］［生活・技術］です。

しかし、これらの論議でさえ、転勤が加速化される中で難しくなってきています。様々な経験をもった、教育観をもったバックグランドの異なる者同士が一つの学校に集まり、教育課程について議論していくと驚きがあります。同じ言葉を使っていても意味合いが違っていたり、考え方が異なっていたりします。「教科」という言葉に抵抗のある先生もいますし、「教科」にとらわれ漢字検定やプリント学習に熱心な先生もいます。しかし、何が正しくて、何が間違えているのかと、両者の相違に目を向けることにエネルギーを注ぐべきではないと思います。

そこで、大切になってくる視点は、「情熱を持って絶えず実践を創造していく教職員集団の育ち合いが必要である」という羽田先生の言葉です。

研究活動を通して、実践を通して、教職員集団として、絶えず、検証し、創造していく、育ち合いが求められています。よりよい実践、よりよい教育課程づくりをめざして!!

羽田先生がいい続けた「文化」とは…

玉村公二彦氏が提起した「7つの教科内容の区分」の視点で実践を見直したことで、深まりや広がりを見せた具体的な案を一つ紹介することで結びとします。

(1)〔生活・技術〕の系の実践研究より

「つくる」「技術」「家庭」などで、生活を豊かにする技術とその諸知識の獲得をめざす。そして、労働の対象と労働手段の体系についてその理論と実際を学習することを長期的な目標としながら、そこにいたる多様な疑似労働的な経験を蓄積させるとともに、生活の中にひそむ技術を獲得させる。

（玉村公二彦）

この［生活・技術］の系で我々は何を伝え、享受させたいのか？

［生活・技術］の系は［労働］に繋がる系であることは明らかでしたが、小学部段階の子どもたちにとっては、どういう力をつけたらいいのか、目的意識のもちにくい発達段階の子どもたちにとってはどういう意味をもつのか。2年間、各学部、様々な段階のグループ、縦割りの分科会などで本当にいろいろな実践を出し合い議論を行いました。

まず、我々が一番に伝えたいことは、労働に関わる技術ではなく、「なんだろう、やってみたい」「わくわくするね」「おいしいね」「いいのできたね」「お母さんにプレゼントしたい」「○○さんに食べてもらいたい」「喜んでくれるかな」「みんなでできて嬉しいね」「お客さんいっぱいきてくれたね」「次はこんなふうにしたいな」など、魅力的な題材（教材）に心を動かし、自らの生活経験に引き寄せながら主体的な要求やつもりをふくらませて学習に取り組もうとする感情であることが確認されました。また、人との関係性において、人に喜んでもらうための生産に対する価値を感じとっていく過程において、仲間と一緒に作り出す喜び、協働をもとにした生産の過程において、一層自らの活動に対する価値を感じとっていくことが話されました。つまり、意志や感情的な側面が伴ったものであるからこそ、個々がそれぞれの意味や価値をもった技術や知識が蓄積され、生活の豊かさに繋がることが議論されました。小学部段階では、生活の中で使うものなど、目的のわかりやすい題材にすること、身近な人によって評価してもらえることで価値のある自分に気づけること、そんな心地よい体験を多く経験しておくこと、小学部だけで実践を考えるのではなく、12年間という長いスパンで子どもたちの成長を見ていくことが大切だということが確認されました。

この議論の中で、羽田先生は、2点のアドバイスをくださいました。

1　魅力的な題材にまずは、教師も魅了されていなければならないこと

先生ご自身も様々な音楽、文化、食にとても興味関心が高く、いつもキラキラしていました。自分自身も〝ほんもの〟に触れ、そしてその感動を子どもたちに伝えたいとあつく語っていました。

2　子どもたちが、長く生き生きと働けるためには、自分を大好きでいないといけないこと

羽田先生は、人を褒める言葉をいっぱいもっていました。自分が素敵な存在なんだということを

子どもたち、さらには、教師にも思わせてくれる力をおもちでした。

⑵「カフェを開こう」プロジェクト

この［生活・技術］の系での論議を受け、そこで議論されたことを盛り込んだ単元としてここ数年「カフェを開こう」という取り組みを行っています。学部や発達段階によって、お客さんになってもらう対象、カフェで出すメニュー、コンセプトを変えたり、他の学習との連携の仕方も工夫したりしました。子どもや保護者だけでなく、教師も楽しめるようにカフェのテーマ、コンセプトを決め、テーマにそった「カフェを開く」ことをクラスの1年間の大きなクラスの目標として、様々な教科と連携させながら取り組みました。カフェで使うお皿や抹茶茶碗を「滋賀県立陶芸の森」の陶芸家と連携して制作したり、校外学習先をカフェに関係ある場所（茶摘み体験、和菓子作り、カフェでの飲食、茶道体験など）にしたり、美術でカフェに関係する飾りやランチョンマットやエプロン、箸袋、シェフ帽子を作ったりすることで、じわじわとカフェのイメージをかためていきます。はじめは目的やカフェのイメージをもちにくい子どもたちも、様々な取り組みを関連させながらカフェの日を迎えることで徐々に期待もふくらみ、楽しめるようになりました。また、自分のお母さんから作ったものを褒められることで、自分が取り組んできたことの価値を改めて感じ、心地よさを味わうこともできました。また、「もっと、こんなふうにしたい」というつもりが芽生えてきている段階の子どもの中には、校外学習で訪れたカフェに目をキラキラさせている子ども、メニューや飾りを考えることにわくわくしている子ども、昼休みに友だちと「お店屋さんごっこ」を楽しむ子どもがいました。逆に、カフェを成功させるというクラスの目標がプレッシャーとなり、楽しみにしたカフェオープンの日が近づくと、後ろ向きな姿を見せる子どももいました。しかし、1年間通して育ってきた「人との豊かな関係性」や「人（教師やクラス集団）への信頼感の高まり」があり、カフェオープン30分前には気持ちを立て直し、生き生きとした表情で店員の役を担うことができました。みんなで力を合わせて一つのカフェを成功させようとする前向きな感情は、お客さんに伝わり、お客さんから直接的に評価を聞くことで、自分たちの取り組みやがんばりの価値を再確認することができました。カフェの取り組みを通して、教師も子どもの招待される保護者もわくわく・ドキドキすることの醍醐味を感じます。そして、「自分たちはがんばれた」のだと感じ、〝まんざらでもない自分〟を感じます。

【カフェプロジェクトの概要】

(1)〔生活・技術〕のねらい（4歳半を豊かに5、6歳に向かう段階・中学部）

・調理、制作、販売等を通して、相手に喜んでもらいたい気持ちを膨らませ、働く意欲と喜びをもつ。
・作業の工程を知り、見通しや期待、目的意識をもって、主体的に活動に取り組み、完成の喜びを感じることができる。
・集団の中で自分の役割を意識し、分担、協力しあうことを通して、ともに活動することができる。
・道具や用具の使い方が分かり、安全に作業できる。

(2)具体的な計画

①カフェのテーマを決める！

「和カフェ」…日本や和食、和菓子、日本の伝統音楽などをテーマとしたもの。

「ハワイアンカフェ」…ハワイのイメージやハワイの食べ物、音楽、グッズなど。

「パティシエ・カフェ」…スイーツをテーマにいろいろなデザートづくり。

「お茶会所」…茶道をメインテーマにしたおもてなし。

「パン工房」…色々なパンをテーマに。

「ワールド・フード・フェス」…様々な国（5カ国ほど）の習慣、言葉、衣食住をテーマに。

各国の食事やデザートをテーマにした祭りを開く。

②お客さんを決める！

第1段階：身近な人（家族やグループの先生）
小学部段階、障害による堅さのある児童生徒のいるクラスでは、具体的に作ってあげたい人がイメージしやすい身近な人をお客さんとして選びます。身近な人からの「ありがとう」で、自分がしたことの価値を高めます。
第2段階：宿泊学習と絡めて（学部の教師など）
認識の高い児童生徒のいるクラスでは、身近な人だけではなく、少し範囲を広げます。いろいろな人から評価してもらうことで、さらに達成感を高めます。
第3段階：文化祭など（外部の方）
高等部や中学部の中で認識の高いクラスの場合。顔の見えない人も意識した食品作りや製品作りもできるようになります。知らない人からの評価がさらなる成就感に繋がります。

③カフェのメニュー

テーマに合わせたカフェのメニューを子どもたちと考えます。

第1段階：工程が少なく子ども自身も好きなもの（パウンドケーキ、プリン、アイスクリームなど）。事前に作っておけるもの。

第2段階：様々な大人の道具も使い調理します（クリスマスパン、黒豆ポタージュ、など）。

第3段階：お客さんに喜んでもらえるメニューを子どもたちと一緒に考え、試作を繰り返します。

④カフェに向けて計画を話し合う！

カフェの話し合いは、1学期よりスタートします。12月あたりの参観日の日を具体的なカフェ・オープンの日と決めて、少しずつ準備を進めます。

⑤他教科との連携　総合的・横断的に取り組みます。

◆言語：招待状、丁寧な言葉、メニューの説明、世界の言葉（あいさつなど）、など

◆芸術・表現：カフェの飾り、仏像カフェ、カフェの音楽（心地よい音楽）、ランチョンマット作り、ローソク作り、絵付け（皿）体験、抹茶茶碗作り、紅茶のタンブラー作り、観葉植物を入れるタンブラー作り、ダメージ加工の額、世界の国旗看板、など

◆数量・算数：お金、収入と支出、など

◆社会認識：カフェで働く人々、お茶ができるまで、世界の国の衣食住、など

◆自然認識：イースト菌の働き、黒豆栽培、花の栽培、花を飾る、など

◆生活・技術：パン作り、茶摘み・茶もみ体験（校外学習）、おいしい紅茶の入れ方、制服作り、

エプロン作り、シェフの帽子作り、カフェ飾り（モビール作り）、国旗の刺繍ワッペン、など
◆特別活動（学級活動）：接客について、カフェに向けて計画作り

最後に…

「働き方改革」など、学校でもようやく話されるようになりました。私も超過勤務が規定の時間を超え、産業医との面談もしました。教員も効率的に、仕事を精選しながら、働かなくてはならない時代に少しずつなってきています。羽田先生は、ものすごく仕事をする方でしたが、プライベートな時間も同様に大切にされていました。

羽田先生の言葉を言い換えて…

大人自身が「実践研究」の喜びや「教職員と触れあったり、信頼しあえる」喜びを引き出し、明日への期待や人生への願い、生きるエネルギーを高めるなど、豊かな人格形成を育むベクトル、方向性を持つことが重要である。

これからも研究部として、羽田先生から託されたバトンを次に楽しくわたしていけるようにがんばりたいと、先生との思い出を振り返りながら強く感じました。

いっぱいの感謝を込めて…

3 子どもたちと一緒に授業をつくる、学校をつくる

滋賀県立特別支援学校教員　**保木あかね**

学校は豊かな文化を子どもたちに手渡し、子どもたちがまた新たな文化の担い手となり価値を創り出す場所であること、子どもたちのための学校であり続けるために「研究活動」「集団づくり」が欠かせないこと、歴史を知り歴史から学ぶこと、子どもたちやその家族を取り巻く社会に目を向けること、おかしいと思ったことに対してどんな場であろうと黙っていてはいけないこと…。本当にたくさんのことを羽田先生に教えていただきました。初任時から、実践を軸にして子どもたちの事実からていねいに検証しなければならないと羽田先生にあらゆる会に誘っていただき、話し合いを重ね実践を書き続けてきたことで今の私があります。羽田先生から学んだ大切なことがどれだけ実践できているのか…、悔しい思いもいっぱいありますがあきらめずにコツコツと「子どもたちのための授業、子どもたちのための学校」を目指し、発信し続けたいと思っています。

羽田先生は肢体障害のある子どもたちのクラス、私は知的障害のある子どもたちのクラスを担任

していて、同じ場で一緒に授業をすることはできませんでしたが、研究部、全国障害者問題研究会、全国の実践交流会、といろいろな場を共に過ごさせていただく中で「子どもたちが主体になる授業づくり・学校づくり」とはどういうことなのかということをたくさん学ぶことができました。

羽田先生から学んだことを胸に取り組んできた小学部の知的障害のある子どもたちのグループでの実践を紹介します。

［朝の会］

子どもたちがクラスみんなを意識しながら1日をむかえる喜びを味わえる活動を

小学部低学年では新1年生をむかえ、まずは「学校って楽しい！」「また、明日も学校に行きたい！」という思いを育むため、日課も子どもたちに合わせてゆったりとしたものにし、最大限、子どもたちの思いを受け止めながら新年度をスタートさせます。

［朝の会］では、子どもたちの好きな活動を取り入れます。みんなが大好きになるのは名前を呼んだあとのお楽しみ活動です。はじめは指導者が子どもを膝に乗せ、「♪〇〇ちゃーん〇〇ちゃーん」と歌いながら揺らします。楽しい活動を通して毎朝触れ合うことで、指導者への安心感につなげます。子どもたちが慣れてくると、「ゆっくりバージョン」か「スピード（速い）バージョン」かを尋ねます。膝の上だけでなく回転いすや台車に乗るパターンも作ります。バージョンがあることが分かると好きな活動を選ぶようになり、アレンジをする子どもが出てきます。3年生になっためぐちゃ

ん（仮名）はアレンジの達人でアイデアいっぱいです。好きなものを取り入れ、「救急車バージョン」（名前のところを〝救急車〟に変えます）、「変装バージョン」（指導者が変な顔をして追いかけます）、「はたらくくるまバージョン」（歌を「はたらくくるま」に変えます）と、毎朝いろいろなリクエストをして、楽しくなってくると、〝アー！　モウイッカイ！〟と何度も言って終われなくなるほどです。［朝の会］は毎朝あるので、繰り返すうちに、友だちの活動も取り込んで、初めは同じパターンで繰り返していた子どもたちも好きな曲や好きなやり方を選ぶようになります。自分で選んだやり方ができると子どもたちの手ごたえが増し、〝伝えたい〟という思いがより高まります。［朝の会］の名前呼びだけでもどんどん展開していきます。もちろん受け止める私たちは朝から全力です。また、休んでいる子どもたちがいても、その子どもの名前をみんなで呼んで、「どうしたのかな？」「なんでお休みかな？」と子どもたちとやりとりしていきます。気持ちがくずれる等で教室にいない子どもの名前も呼びます。必ず全員の名前を呼ぶようにすると、〝6人みんなでこのクラス〟という思いが育まれていきます。そうして、［朝の会］が30分、40分と長くなっていくのですが、それだけみんなが［朝の会］を好きになっているということで、［朝の会］が好きになれば自分から教室に戻りたくなります。〝自分から行きたい！　やりたい！〟と思える活動が毎朝あること、それが登校への期待にもつながります。

羽田先生は［朝の会］の歌にもこだわっていて、担任集団で何度も練習し、1階で歌う「フニクリフニクラ」の高音が私たちの2階の教室まで響いていました。私のクラスにまでその歌が大好きな子どもがいました。私たちが子どもたちのためにどこまで本気になれるか、全力で子どもたちに伝えようとしているか、羽田先生の姿から「自分はまだまだだな」と気合をもらっていました。

［音楽］［うた・リズム］

表現する楽しさをたっぷり味わいながらともに音楽を創り出す喜びを

1年生のときのめぐちゃんは「嫌いな歌が何曲かあって、［うた・リズム］は苦手」と言われていました。確かに出会った頃には、朝、［うた・リズム］担当の私を見ると、教室から押し出し、ドアを閉め、［うた・リズム］の学習カードを黒板から外して〝ワワー、バイバイ〟と言っており、［うた・リズム］は「好き」ではなさそうでした。私はめぐちゃんの「［うた・リズム］の何が苦手なのか、好きになるにはどうしたらいいか、そもそもめぐちゃんの好きなことは何か…」と考えていきました。めぐちゃんは［朝の会］の名前呼びが大好きでした。順に名前を呼ばれて、友だちが返事をする様子を毎日わくわくしながら見ていました。たまに、友だちがアレンジして返事をし、「なんでやねーん」とみんなからつっこまれると、飛び跳ねて大喜びしていました。そこで、［うた・リズム］を「きみのなまえ」という歌で始めることにしました。この歌は最初にいくつか名前が出てきて、そのあとに「♪大きな声で〇〇ちゃーん」と歌い、子どもが返事をすると、「♪小さな声で〇〇ちゃーん」と続き、「♪両手を挙げて〇〇ちゃーん」となります。言葉の理解やイメージがある子どもたちは返事を工夫して楽しみます。初回の［うた・リズム］の日に、めぐちゃんが好きな［朝の会］でこの歌を歌ってみました。他の先生もめぐちゃんのためにとっても楽しそうに歌って返事の見本を見せてくれました。めぐちゃんも嬉しそうです。「この歌を今日の［うた・リズム］でやるよ～」

と伝えると、めぐちゃんは［朝の会］が終わってから、私が歌う「きみのなまえ」に合わせて跳ねながら音楽室に向かうことができました。活動が始まると、順に友だちが「きみのなまえ」で応えているのを見て大喜びでした。もちろんめぐちゃんもはりきって返事をしていました。

めぐちゃんはクラスの中に苦手だなと思う友だちがいました。大きな声を出したり急に自分に向かってきたりする友だちの動きが不安で警戒していました。うまく友だちとの距離をとれずぶつかりあいになる子どもたちもいたので、友だちとの関わり合いがつくれるように「こどもの王様」、友だちと一緒に奏でる楽しさを味わってほしい思いで「しりとりロックンロール」（キッズティンパニー）にも取り組みました。

「こどもの王様」はみんなで輪になって座り、中央のボードの上で、帽子をかぶった子どもが歌に合わせて足踏みします。そのあと、おじぎ、回転をし、帽子を次の友だちに渡す活動です。活動を通して自分から友だちに関わりに行くことが少ない子どもたちも、〝帽子を頭にかぶせてあげる〟というつもりの中で友だちに関わりに行けます。このときの帽子選びも大切です。普段使う帽子ではない特別に見える形のもの、子どもが持ってかぶせやすいようにつばが広いもの、かぶせた後に落ちにくい深さのあるものを選びました。めぐちゃんは帽子を友だちがかぶせに来ると少し身を引きつつも、「こどもの王様」はしたいので受け止めます。中央のボードに乗ると歌詞を見ながら熱唱し、回転すると友だちに帽子をかぶせに行きます。そこで笑顔に。ドキドキした気持ちから「これ、楽しい！」「できて嬉しい！」という気持ちになり、その気持ちを運んで「あなたもぜひどうぞ！」と友だちに帽子をかぶせるのです。帽子をかぶせに来てくれる友だちがいることで〝友だちからの関わりを受け止める〟という経験にもなります。やりたいと思える楽しい活動があって、その活動のきっかけを友だちが運んできてくれたという嬉しさがあるからこそ「友だちとの関わり合い」に価値が生まれます。そこに音楽があることでさらに見ている友だちもそのやりとりの意味を共有していけるのです。

「しりとりロックンロール」は、ダダダダと速いリズムが続いてピタッと止まるところが繰り返される曲です。そして、キッズティンパニーは太鼓が二つ連なった楽器で、やりたい思いが重なれば二人で演奏することにしたので、必然的に子どもたちの距離が近づきます。変化するリズムを見本通りに合わせるのは難しい段階の子どもたちも、ピタッと止めることはできることがあります。ピタッと止めたくなる曲選びも大事で、その曲を感じて友だちがピタッと止めると、「おっ！」と思って止まるようになった子どももいました。一緒にピタッと止まると目が合うこともあります。めぐちゃんは友だちが二人でピタッと止まるのも好きでした。めぐちゃんも飛び跳ねながら太鼓をたたき、友だちと一緒にピタッと止まります。子どもたちが大人を介さず気持ちを合わせています。初めからピタッと止めるように強く指導するのではなく、回数を重ねる中で子どもたち自身が友だちの姿などから気づいて、活動しているうちにその楽しさを味わえるようになることを長い目でみていきます。子どもたちと一緒につくっていくことで表現を広げ、可能性も広げていけるのだと思っています。

めぐちゃんはそれぞれの活動のおもしろさや楽しみ方を自分で見つけていきました。自分の出番ではない友だちが活動しているときにも面白さを感じていました。このような手応えのある活動の中でなら友だちとの関わり合いも受け止められ、自ら関わりをつくれるようにもなっていきました。自分だけで活動しているのも楽しいけれど、友だちと一緒にできたことはまた違った手ごたえをうみ、集団で過ごす楽しさへとつなげていったと思います。

文化の担い手として育つ子どもたち

草津養護学校の卒業式では「卒業証書授与」ではなく「卒業証書をこの手に」とすることにずっとこだわってきました。卒業式を「最後の授業」だとおさえ、子どもたちが自ら選び、卒業証書をつかみとって新しい世界へ旅立っていくのだということを「この手に」という言葉にこめています。この言葉を残すことで、その思いや願いを確認し、引き継いでいくことになる、そのための大事なこだわりだと思っています。

障害児学校の教育条件は年々悪くなり、大規模化・過密化にいろいろな制約を強いられる学校が増えています。指導者数も削られ、120％で働いても追いつかないぐらいの業務に追われる日々です。厳しさが増し、いろいろなことを削ることが求められていますが、子どもたちや家族に関わる部分を削っていいのでしょうか…。仕方ないではすまされないものが学校にはたくさんあります。少しずつでも、声をあげ、声を話し合いの場につなげ、学校だからできること、学校にしかできないことを子どもたちやその家族のために守っていけたらと思います。今後も実践を書いて報告し、学校づくりに妥協せず、豊かな文化を子どもたちに手渡せるように、羽田先生の思いを発展させていきます。

第3章

障害の重い子どもたちの発達とおはなしあそびの魅力

滋賀大学　白石恵理子

羽田先生は、滋賀大学大学院に内地留学をされ１９９６年３月に修了された。私が滋賀大学に着任したのは同年４月であり、ちょうど入れ替わりとなったわけだが、その前後に、先生が勤務されていた三雲養護学校の運動会によんでもらった。大きなつば広の帽子をエレガントにかぶってらっしゃったことを、とてもよく覚えている。その頃、私は人生で1度か2度のパーマをかけたあとでもあり、また、羽田先生とよく似た大きめの眼鏡をしていて、出会う人、出会う人に「よく似ている」「姉妹のようだ」と言われたが、運動会でつば広の帽子をかぶるようなエレガントさは私にはないと思ったものである。それから約20年、学校の研究活動で、全障研のサークルで、そして滋賀大学の講師としてお世話になった。羽田先生から学んだこと、一緒に考えたことを、限られた紙幅ではあるが振り返ってみたい。

重症児の発達をどう見とるか

滋賀大学での修士論文は、担任されていた重度肢体不自由の男子生徒について、授業場面での注視や表情等の緻密な分析から発達的考察を試みるものであった。それまで、ことばに対する明確な反応がわかりにくいことから、発達的に「乳児期後半の階層」にあると捉えられており、揺さぶりを中心とした授業が多く組まれてきていた。羽田先生は、日々の実践のなかで、本当にそうなのだろうか、ことばの世界に入っているのではないかと感じておられた。ある日、ご自身がされた発達診断場面の録画ビデオをもって我が家に来られ、白石正久と3人で一緒に見た。

麻痺が強いため、新版K式発達検査における「絵指示」課題（6つの絵が描かれている）では、どこを見ているのかわかりにくい。そこで、絵カードを2枚提示し「○○はどっち?」と尋ねるのであるが、彼はその問いかけに対し、絵カードはおろか、上方のあらぬ方向に視線を向ける。一瞬、問いかけの理解が難しい、あるいはことばと絵が結びついていないのだと思えたが、よく見ると、わずかではあるが麻痺のある手を正解の絵カードの方に動かそうとしていることに気づいた。そのために姿勢がくずれ、結果的に視線があらぬ方向にいっているのだということがわかった。

この姿からどう発達を読み取るのか。同じ場面を見ていても、彼の手の動きに気づかなければ、ことばの世界に入っていないと見られるし、明らかに手の動きで伝えようとしているととらえれば「1歳半のふし」を越えているとみなされるであろう。さらには、彼がもし「手を使うことは苦手」と認識しつつも、あえて、その苦手な手を使って教えようとしているのであれば、4歳頃の発達の力をもっている可能性もある。

既成の発達検査は、検査者の教示や働きかけに子どもがどう反応するかをみることで発達を捉えようとするものであり、子どもにとっての主体的な意味を考えない手順や解釈で進められがちである。しかし子どもは単に反応しているのではない。場の雰囲気を読み取り、検査者や課題を理解しようと努力し、どう応えるのか、何を伝えるのか、どんな自分に挑戦するのか、うまくいかないと感じたときにどうしようかと悩みながら応えようとする生きたプロセスがある。

この日、発達診断において、課題への反応としてではなく、徹底的に子ども自身を主語にして行動の意味を読み取ることの重要性に気づかされることになった。…ふと時計を見ると、いつの間にか2、3時間が過ぎていた。羽田さんの「驚異的な粘り強さ」に感じ入るとともに、こうした時間をともに過ごすことができたことは嬉しいことであった。

羽田先生は、「重症心身障害児の発達的特徴と教育の課題〜1次元可逆操作獲得段階における『見る力』の事例検討を通して〜」で修士の学位を取得され、さらに考察を重ねてまとめなおしたのが、人間発達研究所紀要12号の論文「重症心身障害児の発達的特徴と教育の課題」（1999）である。既成の発達検査では発達をとらえることが難しい重症心身障害児の発達をとらえるためにどうしたらよいかという問題意識をベースにしつつ、それを発達診断場面ではなく、教育実践のなかでとらえようとした。「教師は、重症心身障害児といわれる子どもたちが表出しうる微細な反応、視線や表情、発声、手足の動き等のすべてを複合的に捉え、その場の文脈において、子どもの内面を読み取りながら、授業をすすめているのである」と述べたうえで、授業を通して発達的特徴を捉える方法を探ろうとした。ここでその詳細には触れないが、毎回、約40分の授業場面を、何度もビデオを見返しながら9回にわたって詳細に分析された。取り上げられているのは、「みる・きく・はなす」で行った『ブレーメンのおんがくたい』の授業であるが、毎回、授業後に他の先生と一緒に、子どもたちの様子を振り返りながら「どろぼうの場面はもう少し短くしよう」「このタイミングで、これを提示しよう」などと話し合われた経過が説明されており、教師集団と子ども集団がいっしょに授業を創りあげていくプロセスが伝わってくる。

『集団と自我発達』の本づくりを通して

1998年には開校8年目の草津養護学校に異動された。新しい学校の形ができてはきたものの、教育課程をどう編成するのか等、全校で学校づくりを進めているなかでの赴任であった。羽田先生は、小学部で、主に肢体不自由クラスを担任された。また、長年にわたって研究部を担われた。私は小学部の授業研究に毎年のように声をかけてもらったのだが、そこでの到達をぜひ発信しようということでまとめたのが『集団と自我発達』(2003、クリエイツかもがわ)である。小学部の全障研サークルで、先生たちが書いた実践記録をもとに、何度も読み合わせをし、議論をしながら本にしていった。月に1回くらいのペースで集まり、毎回夜の9時すぎまで議論をしていた記憶がある。ここでも羽田先生は驚異的な粘り強さを発揮され、他の先生の実践の魅力を引き出していらっしゃった。

重症心身障害といわれる子どもたち、肢体不自由は重度であるがことばや認識の力が高い子どもたち、自閉症と知的障害を併せもっている子どもたち、さらには高機能自閉症タイプの子どもたちと、障害も発達状況も様々なクラスがあるなかで、互いに実践の検討をしあえたことは私にとってもかけがえのない時間であった。教師はともすると、目の前の子どもたちと同じ発達段階や、同じ障害状況の子どもたちに対する実践ばかりを見てしまいがちであるが、発達や障害の違いを超えて議論するからこそ見えてくること、深めていけることは多い。互いに子ども理解や授業づくりの本質を問い直す時間にもなった。

また、当時は、障害の重度・重複化、多様化を背景にして「個別の指導計画」の作成が徐々に浸透し始め、個々の子どもの障害や発達を「ていねいに」ふまえた支援の重要性が強調されていった時期であった。その結果、重度の子どもたちにとって集団で学ぶ意義が後景に退いているのではないかという危惧が、執筆したメンバーの共通認識としてあった。「集団と自我発達」という本のタイトルにあるように、障害種別や程度にかかわらず、どの子も友だちとの関わりのなかで自分らしさを育んでいくこと、自我発達は集団抜きでは語れないこと、個と集団は決して対立するものではなく、教師は様々な教育場面を通して一人ひとりの個が価値を見いだせるような集団のありようを追求すべきであることを、実践を通じて明らかにしようという気概をもちながらの本づくりであった。羽田先生は、執筆者のなかで最も障害の重い子どもたちのクラスの実践をまとめられたのだが、ことばによるコミュニケーションが難しい子どもたちが、互いを意識して声を出したり、睨みつけたり、余裕の表情で後輩に活動を譲ったりするエピソードが生き生きと語られたことが昨日のように思い出される。

子どもをつなぐ文化の必要性

1999年3月告示の「盲・聾・養護学校学習指導要領」で、それまでの「養護・訓練」が「自立活動」

に変わった。「養護・訓練」のもつ受動的な意味合いを払しょくし、自立をめざす主体的な活動であることが強調された。しかし、個別に取り組まれる自立活動だけで、本当に「主体性」を引き出し「自立」の力を育むことができるのであろうか。確かに個別に関わることで、子どもの気持ちに寄り添っていきやすく、子どもも安心して教師と関わることができるだろう。しかし、子どものことをよく理解し、課題も熟知している教師であるからこそ、教師も子どもも「課題」にしばられた関係に陥る危険性がある。教師の声かけや仕草の一つひとつに課題性がにじみ出てしまうことがある。それに対して周りにいる友だちは、教育的意図をもって関わるわけではない。だからこそ、予期せぬハプニングが起こりやすく、突然に泣き出したり怒り出したりする相手にとまどうことも多いだろう。しかし、そこに教師にはない魅力があるのも事実だ。

羽田先生は、そうした子ども同士のかかわり合いのもつ妙味を常に感じ取りながら声かけをされていた。同時に、単に集団を保障するだけでは、一人ひとりのかけがえのない価値を引き出すことはできないとも考えていた。友だちとつながるには、共有できる世界、媒介する文化が必要である。羽田先生が大事にし続けた「文化」は、こうした意味をもっていたと考える。これについて、原田文孝（2008）も、絵本『抱っこして』（にしまきかやこ、1995、こぐま社）の読み聞かせから始める触れ合い文化の実践を紹介している。からだに触れられることが苦手だった子どもたちが、触れ合い文化を通して「からだの感じ方が変わったのだろう」とし、さらに友だちが教師と触れ合っているのをわかって、「触れ合いたい気持ちが高まり要求をしていく」と考察している。また別稿では、「おしくらまんじゅう」あそびを紹介し、「障害が重ければ重いほど、文化で他者と結びついていくことが必要」とも述べている。

羽田先生も「文化」を通して、人がつながっていくことを大切にされていた。とりわけ以下に述べる「おはなし」文化にこだわり続けたのであるが、それは子どもの生活とかけ離れた高尚な文化を一方的にもちこむというものではない。「教師集団が各々の文化的持ち味をどう活動に練り込むかが大切」「教師の存在と意図自体が文化」であるとしつつ、「子どもたちの気持ちとキャッチボールしつつ、その総体としてのお話遊びが一期一会で綴られる」と述べる。

おはなしあそびへのこだわり

では、「文化」のなかでも昔話などの「おはなし」の世界にこだわったのは何故か。そこには3つの思いがあったと考える。

ひとつは、「昔話を題材に劇あそびの手法をとることで、具体的な活動を通した場面展開と意味づけが可能になる」という思いである。ここでいう「具体的な活動」とは、「ストーリーや場面の意味に応じた活動」であり、『おむすびころりん』ならば、滑り落ちるとネズミ人形が登場し「おむすびころりん、すっとんとん」と歌いかけてくれる。また本物のミニ臼でお餅を搗く活動が設定できる。『三びきのこぶた』ならば、ワラを屋根に置く、木槌で屋根を打つ、レンガを壁に貼る、ボールを転がし落としてオオカミをやっつける、という活動が想定できると言う。子どもたちは、それぞれに移動や体幹保持に困難さを抱えつつも、麻痺のある手指を動かし

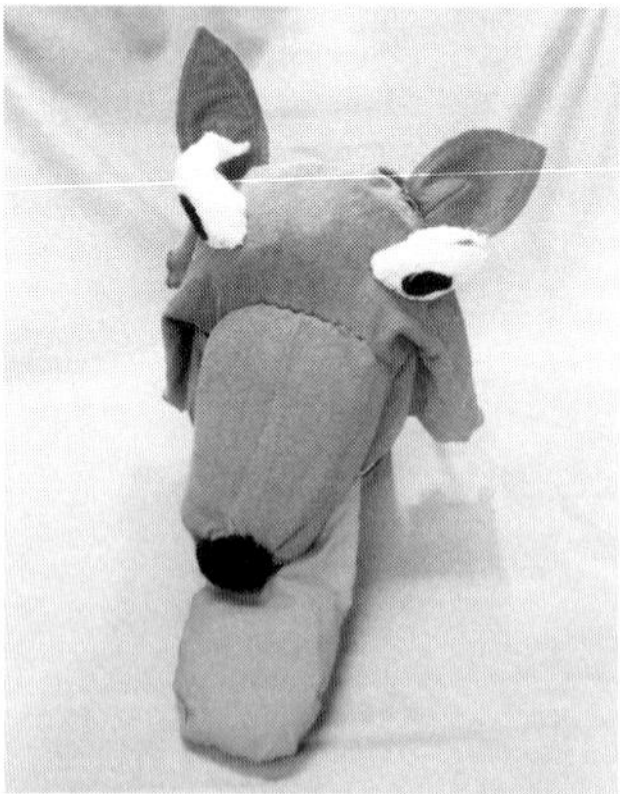

オオカミ

て、ささやかながらも何らかの変化をつくりだそうとしている。そうした子どもたちが実際に自分の手指を動かして、「僅かな動きでも大きく実感をもって、自分がやったことの意味を捉えることができる活動」にするためにお話の世界が必要だと述べる。

ふたつめは、おはなしのもつストーリー性の重視である。羽田先生が主として担当していた子どもたちは、重症心身障害児とはいえ、いわゆる「最重度」の子どもたちではない。運動面をとってみても、しっかり頸定し、手指を動かそうとし、中にはずりばいや伝い歩きで移動ができる子もいた。認識発達的には、通常の乳児期後半から1歳半頃にあると捉えられる子どもたちが多かった。ただ、ことばの表出がなく、また、視線のあいにくさや常同的な行動があり、対人面やコミュニケーションに課題を抱えている子どもたちが多かった。その子どもたちに、ストーリーのある世界を用意することで、「次の場面をとらえる力や、不安な世界を安心な世界に変えることをしっていく力」に結びつくと考えていた。イメージをもち始めているだけに不安が高く、安心できる玩具を持ち続けていたり、教師の働きかけに自分の世界に閉じこもったりするような姿をみせる。そうした子どもたちが、繰り返し取り組まれる授業を通して、この銅鑼がなったらお話がはじまる、この歌が聞こえてきたらお餅つきだ、部屋が暗くなってドキドキするけど、その後に大好きなあそびがある…と子どもたちは場面展開を少しずつ把握していく。最初から不安を取り除いた授業にするのではなく、不安なときに一緒にのりこえる先生や友だちとの出会いを大切にしようとされていた。そして、おはなしには、不安な世界を安心な世界に作りかえるユーモアと懐の深さがあると考えられていたのではないだろうか。

みっつめは「ことば文化」へのこだわりである。この時期の子どもたちは、ことばへの感受性を強めつつあるが、表出言語をもたないこともあって、ことばをおとなからの一方的なものとして受け止めてしまうことも少なくない。指示的なことばにも敏感になり、求められていることの内容は理解しづらくても、何かを求められていることはよくわかっていることが多い。もちろん、ことばの意味理解は十分でなく、長い説明を聞くことは困難である。だから、ことばかけはできるだけ短くするという考え方もあるが、それだとますます指示だけが残っていくことにもなりかねない。昔話やおとぎ話には、心がふっとなごむような、懐かしい響きをもったことばがたくさんある。「すっとんとん」のもつリズム、「どんぶらこ」の包み込むような響き、「むかーしむかーし」のどこかに誘うような語りかけ…羽田先生はこうした一つひとつのことば、そして間合いをとても大切にされていた。おとなが指示をする—子どもは指示を受ける、おとなが褒める—子どもは褒められる、という一方向的な関係ではなく、いっしょに物語の空気のなかに入って「ことば」を味わうことを大事にされていたのだと思う。そして教師には、ことば文化を伝える責任もあると考えていた。

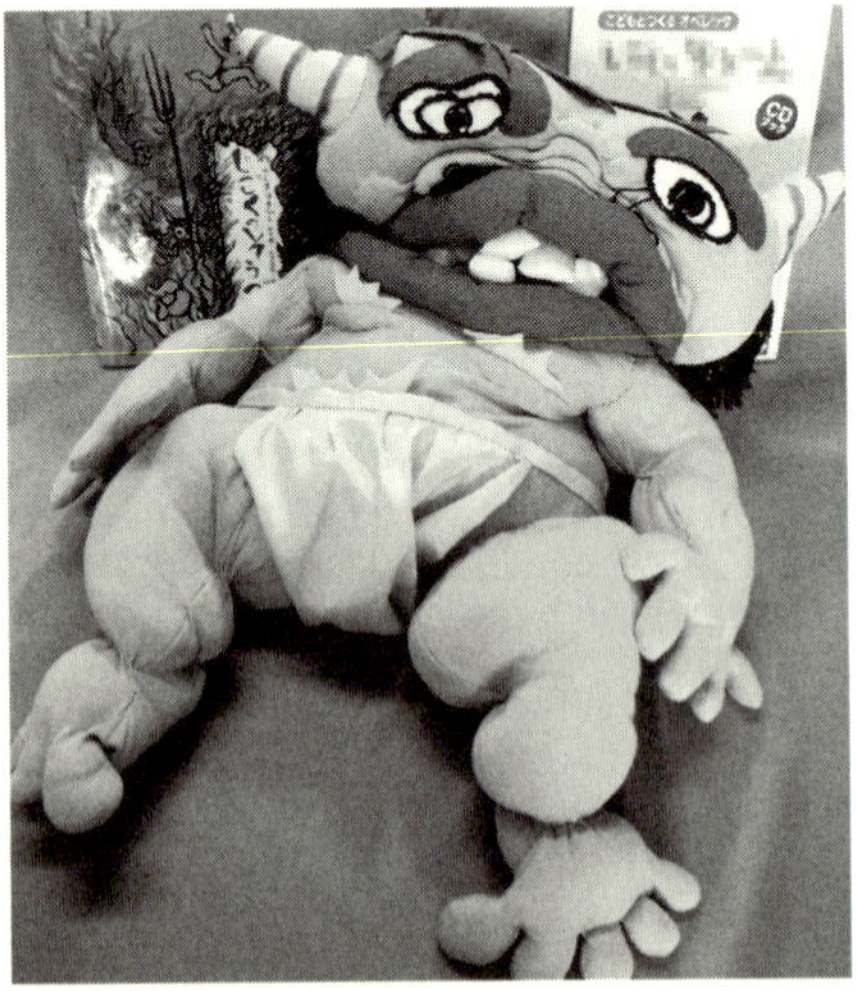
じごくのそうべえ

「乳児期の階層」にある子どもたちにとってのことば

最後に、発達的に「乳児期の階層」にある子どもたちにとって、「ことば」がどのような意味をもっているのかについて考えたい。

この時期の子どもたちは、ことばを、意味としてではなく、リズムやテンポなどで感覚的にとらえている。おとなのことばが意味として押しつけられることは、ことばに対する拒否感を高めこそすれ、憧れやワクワク感をもつことにはならない。ときに自分の感覚の世界を否定されるように感じることもあるのではないだろうか。それは、自分の存在そのものが否定されることでもある。その結果、ますます自分の感覚の世界に入り込むような姿、眠り込んでしまう姿を強めさせることもある。同時にことばだけに感覚を向けているのではなく、羽田先生も言うように、教師のもつ雰囲気や「文化性」、場面や状況と一体のものとして、とらえているのだろう。

では、そのような子どもたちにコミュニケーションが成立しないのかと言えば、決してそうではない。教師も、感覚的にとらえている子どもたちの世界に教師も入り込んでみること、その世界を楽しんでみることによって、そこで成立するコミュニケーションがあるのではないだろうか。

羽田先生は、教師がそのおはなしの世界にどっぷりとつかることも大切だと述べていた。「教師が題材に何も魅力を感じないままに、『繰り返しがあるから』とか『わかりやすいから』といった理由で〝お話あそび〟をすると、たとえ子どもたちが授業の意図に応じた行動をしたとしても、おそらく何も感じないだろうし、教師集団は子どもたちとの感情体験の共有をできない」。

夏の日に、入道雲がわく青空の下、里山のふもとを走る電車に揺られていると、目にまばゆい緑がくっきりとした陰に彩られて連なっていた。じっと見ていると、その陰の中で、柴を担いだおじいさんや、「あれまあ」と驚くおばあさんがいるような錯覚に陥った。そのうちネズミたちの相撲がはじまり、賑やかなざわめきが…。羽田先生は、そうした世界を子どもたちと一緒に楽しんでいたのかもしれない。

第4章

ともに生きた日々

1 千恵子との想いで

羽田　聖

出会い

1970年6月、今出川通りを走る京都市電の中で彼女に声をかけたのが最初の出会いでした。ハーモニカンソサイアティクラブに髪の長い子がいると噂があって電車の中で見つけ2回ほど電車内であった後、演奏会への誘いをきっかけとして付き合い始めました。

それから、しばらく時間をおいて京都御所や学内でほぼ毎日会って政治や文化芸術、学生生活など語り合いました。当時は「オリビア　ハッセー」によく似ていると友人は言っていました。髪の長さは腰の近くまであり理想の女性でした。

学生時代

彼女は文学部、私は工学部と専攻は異なっていましたが、お互いの学友とキャンパス内で時間をみつけて楽しく過ごした記憶があります。驚いたのは、彼女は当時哲学に興味をもっておりニーチェの話をよくしていました。恩師でありました故大塚達雄先生のご指導もあって障害児教育に進む決意ができたと話していた記憶があります。

とにかく、お互い一緒にいる時間をすこしでも長くしたい気持ちと、彼女の門限が7時であったこともあって、「いっそのこと一緒に住もう」と言い出しました。3回生の時です。すぐ実家の九州佐世保に飛び、両親に話し、快く結婚を認めてもらいました。それからすぐ九州から私の両親が来て、京都の両親に会い、和やかなうちに話がまとまり4人でお祝いの食事をしました。結婚式はあげず、岩倉に住み、学業とアルバイトにおわれた次第です。

彼女は京阪バスで京都市内観光案内のバスガイド、家庭教師、コーヒーショップのアルバイトで頑張っていました。奨学金、学費免除を受けながら貧しいなりに過ごした記憶があります。

教育、文化芸術、政治に関心が深く、よく議論したことや夜おそくまで読書している姿と、慣れない料理を一から勉強し挑戦していたことを覚えています。努力家であり自分の意見を持って絶えず前進しようとする姿は教育現場だけでなく、家庭内でも見受けられたと思います。

大学卒業と将来への挑戦

1974年に2人そろって無事卒業。

私は大阪の空調機メーカーへ就職し、彼女は同志社大学の図書館でアルバイトを始めました。卒業時、社会科の教員免許状はもっていましたが、養護学校で働きたいと、1年かけて仏教大学で単位取得しました。これが「子どもたちの願いをかなえる」ための第一歩でした。すぐ私たちの子どもがほしいと言い出したのは、将来計画があったからだと思います。

1976年3月、長男・明日香が誕生し、それから3歳まで子育てに専念し、滋賀県教員採用試験の年齢制限29歳で幸いにも合格しました。

そのころ、草津の社宅に住んでおり、八幡養護学校野洲校舎で始まり、八幡養護、三雲養護、草津養護、野洲養護に勤務し、毎日夜遅くまで、時には土、日も学校にでかけていました。私も、彼女が勤務していたすべての養護学校に迎えに出かけたり、運動会にも行ったりしました。

障害をもつ子どもへの愛、願い

いつも子どものことを話していました。ビデオをとって、レビューし教材を作っていました。とても子ども想いでした。音楽、劇など得意で、全力で取り組み、その熱心な姿に心を打たれました。子どもへの接しかたも明るい声で語り合うように話しかけていたことを思いだします。また、保護者の方とのコミュニケーションも大切にし子どもさんと御一緒に我が家にこられたこともありました。

子どもたちをこよなく愛していました。

教育実践と勉学に励む

滋賀県養護学校での障害児教育において

ベースとなる子どもたちに寄り添う優しさと情熱が生まれたのは、同僚の人たちの支えがあったからこそだと思います。文化祭、研究会、ピーターパン登場…元気な歌声、大きなアクションはどこにパワーがあったのでしょう。

国内、国外研修、滋賀大学、龍谷大学で学ぶ

まず、長男が小学1年生の時、半年ほど神奈川県に国内研修で出かけました。毎週、家にも戻ってきており、新幹線で研修先へ戻るときの一時の別れがつらかったと言っていました。

国内の地方での全障研大会、全国教育研究会や北欧、東欧などヨーロッパに研修旅行4回、中国、韓国にも研修旅行にいっていました。家族には申し訳なさそうにしていましたが、こころよく送り出しました。

それから1994年に滋賀大学大学院教育学研究科に内地留学した時は、女子大生になったと冗談半分で喜んでいました。同志社大学在学中は時間がとれなかったこともあって、じっくり勉強する時間が彼女を救ったのでしょう。さらに龍谷大学の博士後期課程に進んだときは教育現場も大変

だったとおもいますがその熱意に感心しました。

あとで聞いたことは後輩を育てるためとのことでしたが、たえず努力して自分を向上させるためであったと思います。一方実践については家庭で良く自分の考えを話していました。

その後は、滋賀大学、龍谷大学の講師を歴任し、2012年に荒木穂積先生のご推薦もあり立命館産業社会学部に応募しました。ところが10月の検査で病気が発覚し（19日）、悩んだそうですが荒木先生に励まされ採用が決まったときは心が救われたといっていました。

その時期に母親が交通事故（15日）にあい瀕死の状態で入院していました。

2カ月後、長男の結婚式の翌日に他界しましたが、入院の翌日に許可をいただき母に会いに行きました。12日の手術の翌々日に是非伝えねばと私は本人に母の死を告げ急遽主治医の先生に外出許可をいただき、点滴をはずし京都にむかい、葬式に参列いたしました。親想い、兄弟想い、もちろん家族想いでした（とくに子どもを溺愛していました）。

趣味とこだわり

生活場所である家、家財について特別なおもいを持っていました。
「この家が大好きである！　仕事もおもいきりさせてもらえ、好きな家をまた好きなように改築し、わがままな人生を過ごさせてもらい　有難う！　感謝いっぱい！」（日記より）
家…どこか懐かしい日本の洋館のたたずまい。形のバランスがよくクラシックすぎず重からず落ち着いた雰囲気とカットガラスの出窓と屋根裏のドーマに魅かれた。さらにグラバー邸をイメージしてサンルームも造った。グランドピアノ型システムキッチンとネオクラシックの食器棚。

趣味…二胡、ジャズダンス、手芸、絵画、ピアノ、美術鑑賞、音楽鑑賞。

身の回り…ベレー帽と北欧、アルプスの少女にあこがれ、服装、身に着けるものにまわりは戸惑っていたが割と違和感がなかった。

食事…無農薬食材にこだわり、約30年、食材はそれ以外口にしなかった。

家族旅行

結婚後九州旅行に出発。初めての2人での旅行でとても楽しかったことを覚えています。

子どもが3歳をすぎてからは、毎年会社の保養施設（蓼科）に車ででかけ山歩きなど楽しみました。

そのころ学童保育のイベントに参加。ご近所の親子との交流にも積極的でした。

子育ての悩みと御近所とのおつきあい

子どもの育て方については悩んでいたと思います。とくに子どもの思春期には苦労したことをよく話していました。また、ご近所の温かいサポート、学校の同僚方の温かいご支援もいつも口にしておりました。

私が1992年から国内単身赴任、2002年からタイランド、オーストラリアで海外勤務をしているときも不安、不満があったと思いますが、愚痴もいわず学校に家庭に全力をあげていました。子どもの反抗期もあい重なって辛かったことを話していましたが、子どもへの愛情は深く、決して怒ったりせず、やさしく接していました。

子どもの結婚

明日香（長男）の結婚はとても喜んでいました。お嫁さんも素敵で、なによりも社会人としての成長した姿、家族想い、母親想いに感謝していました。早く孫の顔を見たいといっていましたが、願いはかなわないと思い、ビデオにバーバーの声を録音し生まれてくる孫にみせるように伝えていました。自宅療養中は明日香がほぼ毎日きて食事を作ってくれたことを感謝していました。

5月3日に子供夫婦と越前海岸に日帰りで食事に行ったことなど、家族ということを毎週感じる日だと綴っていました。

２０１６年1月13日、長女　陽香　生まれる。誕生日は偶然にも千恵子の誕生日と同じで、名前は生前に千恵子に頼んでいたようです。

闘病生活

「あと5年は生きてみせるぞ」と日記に書いていました。

最初から最後まで医者を信じ、また自分を励ましながら苦痛に耐えていたと思います。決して痛いとか苦しいとか言いませんでした。本当はそうではなかったとおもいますが、結婚当初から弱音を吐くことはありませんでした。

成人病センターでカウンセリングを受けた時、本人も臨床心理など勉強したこともあって、少し複雑だったと思います。手術を繰り返し、なんとか少しでも長く生き続けたいといつも言っていました。

２０１５年3月30日、主治医からこれ以上仕事をつづける状態でないと告げられ、あと1年もつかどうか自分でも追い詰められたと話していました。

残された時間でやり遂げたいこと

実践の本を書きたかったこと…新しい原稿を書くより、これまでの『みんなのねがい』『障害者問題研究』の原稿を探し出し、また八幡養護、三雲養護時代の授業づくり、教育実践など、また大学院で学んだことを書き始め、ただひたすらに時間が許すかぎりパソコンに向かっていましたが完成するにいたりませんでした。本人はさぞかし残念だったと思います。

最後の知らせ

知らせを受けてから急遽帰国しましたが、しばらくして声にならない程度で「待ってたよ」と聞こえました。

２０１５年８月６日５時　しずかに息を引き取りました。やすらかな顔でした。

2年10か月の闘病生活のなかで、最後まで子どもたちを想い、家族を大切にした素晴らしい人でした。

想いでいっぱいの43年間、よく頑張ったと思います。

2 母との思い出

羽田明日香

幼少期

私の一番古い記憶は2歳くらいの時ですが、この頃から近所のお友達と悪さばっかりして、母親が色々な人に謝罪しに行っていました。

その時も、私を怒鳴りつけたりするのでは無く、「あのね。元気なことは良いけど、人を困らせたり悲しませることは絶対にやったらあかんよ」「人の痛みがわかる子になるのやで」と毎回のように教えられました。今でもそれを覚えています。

やんちゃが度を過ぎて、お友達を怪我させてしまった時、叩かれたりはしなかったですが、目を真っ赤にして、「怪我した子はどんなに痛かっただろうね」「逆の立場だったらどう思う?」と、とても悲しそうに私を諭しました。人の痛みは自分への痛みだと教えようとしたのだと思います。「人の気持ち」が大切だということを常に思っていた、そんな優しい母でした。

小学校

小学校の入学式が終わった後、家の前で近所の方々と待っていてくれていたことを今も色濃く覚えています。

この頃から、母の仕事が一段と忙しくなり、私は学校が終われば、近所の幼馴染みの家にお邪魔させてもらい、私が寝てから母が引き取りに来ている毎日を繰り返していました。土日も仕事などで、一緒に居た記憶がほとんどありませんでした。夏休みも京都の祖父母の家に預かってもらい、その間も仕事に没頭していたようです。運動会などの学校行事も母の職場の行事などと重なり、来てもらった記憶がほとんどありませんでした。

家に居る時も職場で使う人形や歌を作ったり、ビデオに収めた授業を何度も繰り返し見ていました。子どもたちのちょっとした変化や仕草などをビデオテープが擦り切れるくらいまで見ており、私にも「ほらっ！　今の分かる?!」などと嬉しそうに熱弁していたのを色濃く覚えています。

こういったことを深夜というより明け方近くまで行っていた日も多かったと思います。

ここまでを思い返すと、どういう母親だ！　と思われるかもしれません。ただ、何となくではありますが、幼い時の私にも母親の仕事に対する直向きな姿勢と半端ない情熱は伝わっていました。寧ろ、この仕事が人生の全てだと言っても過言ではなかったでしょう。ですので、そんな母親の邪魔はしたくなかったのでしょうか、我儘などを言った記憶があまり無いですし、我慢をしたこともあまりなかったように思います。

そんな母親の元には多くの方々が、よく集まって来ていたのもよく覚えています。定期的に母親の同僚の方々が我が家へ来られ、確か「十三夜」という名前の親睦会だったと思いますが、料理などを持ち寄り、談笑し、ギターやピアノの伴奏で歌い、時には真剣な表情で仕事についての議論などをしていました。その中に私も交ぜてもらい、一緒に楽しく過ごしたことを覚えています。

ときには、児童の家に親御さん達が集まり、親睦会という少し特殊な家庭訪問（？）なども積極的に行っていました。今となって思うのですが、人と人の繋がりをものすごく大切にしていたと思います。

そんな社交性が強い母親は、気付けば常に人の輪の中心に立って、積極的すぎるくらいに色々と物事を行っていたと思います。

身体が弱かった私は、よく病気になり、入院も何度もしていました。そんな私を心配し、身体を気遣ってくれてだと思いますが、食べ物は、「無添加」「無着色」「有機野菜」「国産」「玄米」と、今から思えばかなり贅沢ですが、限定されていました。「本物の食材の味を食べる」「どうせ食べるなら一番良いもの」を常に教えられ、子どもの頃には少し嫌々食べていたものもありますが、後に私が仕事で料理関係に携わった時に、色々な味の記憶が役に立ち、母親にものすごく感謝しました。

ただ、子どもながらに、お友達と同じように市販のおやつが食べられないことに対してのフラストレーションはものすごく、段々とストレスになったのも事実でした。

中学校

強烈な反抗期を迎えていました。

何があっても母に逆らうことを繰り返し、毎日のように言い争いなどを繰り返していました。おそらくは、母親の仕事に対する情熱が、思春期を迎えた私にとって嫉妬の対象になっていったのではないかと思います。「何で家のことより、仕事なんだ！」と、母親の仕事に対する姿勢を頭の中で理解していたはずのなのですが、何とも言い表せない感情とが猛烈な葛藤となって爆発していったのだと思います。

この頃、母親が困るような言動などをわざと行うなど、常に反抗していましたので、おそらくは母親をかなり困らせていたと思います。しかしながら、今から思えば、そのような私に対しても、根気強く接してくれていたと思います。

私が悪さをして学校に呼び出され、校長先生を含めて6者面談になった時も、家に帰って怒られると思っていたのですが、「ごめんね。お母さんがあなたとちゃんと接して理解してあげられていなかったからこんなことになったんやね」と涙を流しながら言われたことは強烈に印象に残っています。母親は続けて「どんな人生を歩んでも構わない。けどね。人を困らせたり、人を傷付けるような大人だけにはなったらあかんよ」と幼少期に言われた同じことを静かな口調で私に言ってきました。

その時、母親には言ってませんが、私には後悔の念しかありませんでした。

高校

高校に入り、私はブラスバンドに没頭していきました。

あまりに没頭しすぎて、家に居る時も音楽のことばかりを考え、口数も減っていました。そんな私を見ても特に口出しもせず、「あんたが今までの中で一番夢中になって頑張っているのだから、後悔出来ないくらいにやれるだけやりなさい」と温かく見守ってくれていました。私が演奏する会には、演奏会の大小を問わず、仕事が忙しいにも関わらず、時間を空けてかなりの頻度で聴きに来てくれていました。

この頃から、母親の服装が「ピンクハウス」一色に近い、奇抜で自由すぎる服装になり、遠目から見てもかなり目立っていたため、同級生や後輩たちから「お母さん今日も来てるで」と直ぐに見つけられてしまい、当時の私は、少しというよりかなり恥ずかしかったのですが、心の中ではものすごく嬉しかったのを覚えています。

また、この頃から母親は、仕事で身体を使うから鍛えなくてはと、毎週ジャズダンスに通い、趣味も持たなくてはと、パン教室、フラワーアレンジメント、ケーキ教室などなど多趣味な人になっていました。毎朝の食卓には、「お店で売っているものより美味しいよ！」と母親が焼いたパンが並び、幼少期から私の誕生日にはケーキを作ってくれていましたが、そのケーキのレベルが上がり…やり始めたら、とことん極めるまで研究してやっていくという姿勢は、こういった趣味にも表れていたのではないかと思います。

社会に出て

せめて大学だけは出ておいた方が良いという母親の意見に逆らうかのように私は料理人になりました。

最初は怒られるかと思いましたが、一言だけ「それが自らの意思で選んだあなたの道なのだから、頑張りなさい」と言われました。その後、私が働いていたお店に父親と来てくれ、その後も同僚の方々と来ては、「息子です」と嬉しそうに同僚の方に紹介していたのを覚えています。

その中には、昔、私の家によく来ていた方もおられ、とても嬉しそうに話していました。母親は、本当に嬉しかったのだと思います。

この頃、私は家を出て、年に数回ほどしか家に帰らなかったですが、その度に「何が食べたい？」と私の食べたい物を聞いてきました。私は母親の作ったミートパイが大好物で、「もし、死ぬ前に食べるなら何？」と聞かれたら、間違いなく、母親の作ったミートパイと答えるほどです。ですので、母親はいつもミートパイや豪華なお刺身などを用意して待ってくれていました。

そして、私もお酒を飲めるようになっていましたので、食事の後には決まって、母親秘蔵のワインを片手に語っていました。いや、語っていたというより、寧ろ議論に近かったです。直近の話題から始まり、社会のこと、政治へと続き、決まって、今の教育に対する議論、特に障害児教育の話になるとヒートアップし、いつも明け方近くまで話していました。

実家に帰ると、だいたい1年分くらいは話をし、その度に、それまで知らなかった母親の姿を知っていくといった感じで、年々母親の偉大さを痛感していきました。私自身、毎年、家に帰って母と語るのはとても楽しみでしたが、ある年に、仕事で帰れない時があり、その時は母親がとても残念そうにしていたのを覚えています。

私が30歳を迎える頃に、今の職業へ転職することになります。その際も、特に反対することもなく、「やりたいことが見つかってよかったね」と私を励ましてくれました。

この頃でも、私は身体をよく壊し、病院へ通うことも多かったのですが、遠くにいても駆けつけてくれたり、無理な場合でも、毎晩のように電話をかけてくれたり、本当に心配してくれて、大切にされていたのだと改めて思います。

結婚

私が35歳になった時、唐突に、結婚することを母親に伝えました。

少し晩婚だったこともあるかもしれませんが、母親は「よかったなー。本当によかったなー」とまるで自分自身のことのように喜んでくれました。初めて妻を家に連れて行った時、妻はとても緊張していましたが、そこは百戦錬磨の母親。母親自ら話題を作り、妻の緊張を直ぐに解きほぐしていました。このコミュニケーション能力はさすがだなと密かに思っていました。

その後も、結婚するまで、何度か3人で食事などをしましたが、母親は食べるのも忘れて話に没頭するので、コース料理を食べていても母親一人だけ食べるペースが極端に遅く、料理を運んでくる方がかなり困った顔をされていたのは良い思い出です。母親が言っていたのですが、娘ができたみたいで、本当に嬉しかったみたいです。また、妻も母親のことを本当に慕ってくれ、何かあれば、よく相談などもしていました。

病気の発覚

今でもはっきりと覚えています。

その年の年末に結婚式を控えていた2012年10月1日、母親から着信がありました。「入院して処置をすることになり、家族の同意書が必要だから病院へ来てほしい」。最初は何のことかわからなかったのですが、どうやら不整脈があるので、それを改善させる処置を施すとのことでした。

病院へ行き、医師の説明を聞いたのですが、緊急性が高そうな訳ではなく、不整脈はかなり前からあるので、何故このタイミングで処置を行うかという疑問だけが残り、医師にそのあたりを聞いても曖昧な答えしか返ってきませんでした。処置は後日でしたので、家に帰り、妻に話をしたところ、「もしかしたら、全身麻酔をかける手術でもするのでは?」という答えが返ってきました。

その時、私の頭の中には嫌な予感だけが駆け巡っていました。

処置が終わってから、母親に聞いても何も無いとの一点張り。父親なら知っているだろうと父親に何度も電話をして、問い詰めました。すると、しばらくして、父親から「結婚式が間近に控えている時期で、変に心配させたくなく、もしかしたら、結婚式を延期すると言い出し兼ねなかったので、伏せておくつもりだったけど、もう無理そうなので言う」と電話がありました。内容は、「母親は大腸に癌が見つかり、手術することになった」と。そして、結婚式は元気なうちに出たいので、手術は結婚式が終わってからにしたことも伝えられました。何事も無く、無事に結婚式を終えることが出来るように、下手に心配させないようにと母親が提案したそうです。

私は言葉が出ませんでした。ただただ、涙しか出ませんでした。母親自身が、こんな状況になっても、私の事を第一に考えてくれていることを思ったら、感謝と申し訳ない気持ちで一杯になりました。

祖母との別れ

母親の病気が発覚した直後のことです。

祖母が事故に遭い、重篤な状況になりました。母親自身、病気で大変な時期でしたが、毎日のように祖母の病床へ赴いていました。いつどうなってもおかしくないと言われていた祖母ですが、私の結婚式までもってくれました。そんな祖母ですが、私の結婚式が終わった次の日に他界しました。

叔父が言うには、私の結婚式を楽しみに待っていたのだと。本当に待っていてくれていたのだと感謝の気持ちで一杯になりました。

祖母が急逝した次の日が母親の手術予定日でした。父親・親族とも相談し、自身の手術を取り止めてでも葬儀に参列すると言い出すだろうと、母親には祖母が亡くなったことはしばらく伏せておこうということになりました（後から思えば、母親が私に取った行動と全く同じで、血は争えないなと思いました）。

手術の直前も手術が終わってからも、母親は祖母のことを常に気にかけていました。ただ、勘の鋭い母親は段々と気付き出し、実の母親との最期の別れが出来ない母を不憫に思ったのでしょう。葬儀の当日に、手術が終わったばかりの母に、父が全てを打ち明けました。私に連絡が来て、予想どおり、手術が終わった直後だというのに、葬儀に出ると言い出したのです。さすがに、手術が終わった直後に参列することは無茶な話なので、代わりに祖母に対しての手紙を書いて、私が代読するということになりました。ところが、届いたのは手紙ではなく、母親自身でした。

これには誰もが驚きましたが、母親は、「最期におかあちゃんに会っておかないと、私は死ぬまで後悔する」と担当の医師を説得し、限定的に葬儀場に来たのです。この時も、母親の信念の強さと、家族に対する愛情・思いやりを大きく感じました。

最後の数年

最初に病気が発覚してから、現場での仕事は諦め、母親自身が培ってきた経験などを後世に伝えようと、大学で教鞭を取るということに没頭していきました。

「まだ私にはやれることがたくさんある！」と、毎日のように家が傾くかというくらいの資料の数々を引っ張り出し、学生さんたちに伝えること、どうやったら伝わるだろうかということを試行錯誤していました。そして、私が家に行く度に、作った資料などを見せてきて、色々と説明していました。特に、授業で教えた学生さんたちが、サマースクールに行ったりして、実際に出会った子どもたちの話を母親にしていることなどは、とても嬉しそうに私に話をし、目を輝かせていました。そんな母親の姿を見ていると私まで嬉しくなり、本当に、この仕事が好きなんだなと実感しました。

母親が亡くなるまでの数年間は入退院と手術を繰り返し、歩行することもままならない状態でしたが、「まだできる」「まだやることがたくさんある」と常に諦めず、前向きに毎日を過ごしていました。時には、資料を読みながら、そのままリビングで寝落ちしてしまう日も多々ありました。「命懸け」というのは、こういうことなんだと思い知らされたのを覚えています。

日に日に、身体の自由さが損なわれていったのもありますが、私も頻繁に家に帰るようになり、できる限り、母親と一緒に過ごす時間を作りました。気丈な母親でしたので、運転を含め、ギリギリまで自分で何とかしようとしていました。また、私と私の父親になるべく迷惑をかけずに自力で生活できるようにと、家もバリアフリーに改築し、まだまだ自分でやれるんだという姿を見せていました。それは、今から思えば、母親なりの私たちへの思いやりだったのではないかと思います。

そうは言っても、晩年は、椅子から一人で立ち上がるのも厳しくなってきて、誰かの介助が必要な状況になっていました。移動も車椅子がメインになっていました。そのような状況でも、ポジティヴな母親は、「例えば、こういった少しの傾斜や段差でも、実際に車椅子を使う人しかわからないからものすごく良い経験だ！」「こうなってみないと、実際の改善点などは見えない！」と、自身が置かれている立場も、全てプラスに捉えていたようです。

今となっては、母親と家族としての時間を一番密に過ごすことができた時期だったと思います。それまで以上に、たくさん語り、同じ時間を共有し、それまで以上に母親のことを知れた時間だったと思います。

仕事との決別

２０１５年2月23日、４度目の手術を終え入院していた母親から連絡がありました。「担当の医師が家族に説明したいから病院へ来て欲しい」と。医師が家族を呼んで説明するということに対して、ものすごく嫌な思いが過りました。

医師からは、手術後にした検査から新たな病巣が見つかり、これは手術ができない状態だと聞かされました。そして、この時、初めて余命宣告されました。私の頭の中は真っ白になり、病状説明の後は何を話したか正直よく覚えていません。唯一覚えていると言えば、必死になって色々調べた先進医療で何とかならないかと質問攻めしたことです。

最後に、医師が「本人には告知しますか？」と聞いてきました。父親にも相談しましたが、勘の鋭い母親に隠したところで気付くだろうし、知ってもらった上で、今からやれることを精一杯やった方が良いだろうと、本人に告知してもらうことにしました。

後日、医師から本人に説明していただきましたが、その時の母親の顔は今でも忘れられません。それまで、再発を繰り返しても、「まだやれる！」「まだ頑張れる！」と気丈にしていた母親でしたが、さすがに落ち込んでいました。特に、4月から大学で講義することは厳しいと伝えられた時は、悔しそうな顔をしていました。

それでも、しばらくしてから「少ないかもしれないけど、まだ私には時間がある！」と何か別の目標ができたかのように自身を奮い立たせていました。結論から言いますと、4月以降もできる限り教鞭を取りたいと思っていたようです。

母親の退院後、私はどうやって4月以降の仕事を諦めさせるかを考えていました。非情だと思われるかもしれませんが、中途半端にやれるところまでやるということは無責任にもなりますし、周りの方々を心配させながら続けるということは、やるからには最後までやり遂げるといった性格の母親にとっても良くないと思ったからです。

残っていた講義をするために、大学へ行きましたが、その道中、私はその話をしました。最初こそは、苦虫を噛み潰したような顔をしていましたが、頭の良い母親は恐らく、そのようなことはとっくに理解していたのでしょう。ただ、まだやり残していること、未来の方に伝えたいことがあまりにも多すぎて、消化しきれなかっただけだと思います。小一時間して、ようやく決心したのか、大学でお世話になっている先生に電話を掛けました。よっぽど悔しかったのか、母親の声は震えていました。本人は気丈に振る舞っていたつもりだったかもしれませんが、恐らく母親にとって、初めての敗北だったのでしょう。常に何事にも負けずに立ち向かっていた母親でしたから、無念で一杯だったと思います。

4月以降は教壇に立たないと決めてから、それを知った大学の学生さん、先生方が「羽田先生の特別講義」として時間を作っていただき、その後、学食でしたが、食事会を開いてくれたりと、本当に良くしてくださりました。これも、母親が進んで来た道は正しく、それが伝わったからという結果ではないかと思います。

そこからは、今まで培った経験や資料などを整理して、教壇には立てなくなったけど文字にして残す、今まで滞っていた執筆に力を入れたいと新たな生き甲斐を見つけました。

亡くなるまでの約4か月間、今まで以上に母親と話し、散歩し、たくさん一緒の時間を過ごしました。神頼みかもしれませんが、色々、病気にご利益があると言われる神社を見つければ参拝し、祈祷もしてもらいました。病気に良いと言われているスープを見つければ作りました。病状が悪化するにつれ、あまり物を食べられなくなっていく母親でしたが、それでも「美味しい、美味しい。これ食べたら身体が軽くなるわ」と言って食べてくれました。

今から思えば、私が色々とやったのは、色々と迷惑をかけ、心労を重ねさせてきた母親に対してのせめてもの罪滅ぼしだったかもしれません。どういった形であっても少しでも母親に恩返しをしたかったのです。だからという訳ではありませんが、本当に密な時間を過ごさせていただきました。日に日に、衰弱していく母親でしたが、家に往訪してくださった方の前ではそのような姿を決して見せることはなく、「いつも元気な羽田千恵子」であり続けました。

そして、2015年7月25日のことです。

その日は、午後から妻の両親が家に来ていました。楽しい時間を過ごし、妻の両親が帰られた後、帰ろうとしていた私に、それまでニコニコしていた母親が「えらいことや！」と叫びました。一瞬、私は何が起こったのか良くわからず、「どうしたの?」と言ったら、「足元見て」と心なしか弱った声で母親が言いました。母親の足元に目をやると、血が滴っていました。

患部からの出血で、初めてのことです。慌てて救急車を呼び、そのまま入院になりました。それが、母親の最後の入院になりました。

入院後、とても外出できる状態ではなかったのに、一度で良いからと、頻りに家へ戻りたがっていました。それほど、家のことが気になり、家が好きだったのだと思います。

最期の時

入院してから数日経った2015年8月8日の朝、母親からメールが来ました。

内容は、「今すぐに冠婚葬祭の会社に連絡をして会員になる手続きをすること」「担当医が直ぐに話をしたい」とのことでした。その前日にも母親と会っていましたが、気分も良い感じで、普通に話もしていましたので、私はその時、事の重大性にあまり気付いていなかったのです。

このことを妻に連絡したら、「お父さんに直ぐに日本へ帰って来てもらった方が良い」と言われ、その時初めて事の重大さに気づき、父親に連絡しました。父親は、仕事をキャンセルして、直ぐに飛行機の手配をしました。

病院へ着いたら、母親は前日までしていなかった酸素マスクを付けており、疼痛緩和用の薬を点滴されていました。薬のせいで、少し呂律が回っていなかったのですが、開口一番に、洗濯物が溜まっているから洗濯してきて欲しいと頼まれました。「案外、平気なのかな？」と私自身を安心させるかのように自分自身へ言い聞かせていましたが、その後、担当の医師から説明があり、母親は明日までは持たない可能性が高いと聞かされました。ある程度は覚悟していましたが、実際に事実を聞かされると、パニックにしかなりませんでした。できることは何があるかと考えた結果、母親に所縁あり、私が連絡を取れる方々に、せめて母親が意識があるうちに会って欲しいと片っ端から連絡しました。

私は看護師さん方に一旦出てもらい、母親と二人きりにしてもらいました。今まで言えなかったことや母親に対する思いなどを伝えようと思ったからです。しかしながら、いざそうなると中々言葉が出てきませんでした。

私は、ただ一言。「産んでくれてありがとう。お母さんの子供に産まれてよかった」としか言えませんでした。母親は、ただただ、手を握り返してくれ、小さく頷きました。私には母親が少し驚いたような表情をしたかのように映りました。

本当に色々な方々に来ていただきました。母親の妹弟は勿論、私が幼少の頃からお世話になった方々、ご近所さん、母親に最後、一目会おうと駆けつけてくださいました。これも本当に母親の人望があったからこそだったたと思います。

そんな中、意識が朦朧としていく母親に伝えました。「お父さん、今、こっちに向かっているから！」「お父さんが来るまで一緒に待とう！」。母親は小さく頷きました。ただ、母親の状態は思ったより悪く、担当の先生も、父親が到着するまでは間に合わないかもしれないと仰っていました。それでも、何とか父親には会わせたくて、その旨を伝えると、「本来は行わない方法ですが、できる限り、命は繫ぎます」と尽力してくださいました。

父親が到着する頃には、私たちの呼びかけに対しても、ほとんど反応はなく、仮に父親が間に合ったとしても、父親の呼びかけに対しての反応は厳しいだろうなと思っていました。

そして父親が到着した時に奇跡が起きました。それまで、反応がなかった母親が、父親の呼びかけに反応したのです。そして、かすれるような振り絞った声で「待ってたよ。待ってたよ」とただただ繰り返し、そして、再び目を閉じました。母親は、本当に父親を待っていたのだと、この時のために頑張っていたのだと。

父親が到着した6時間半後の2015年8月6日午前5時、母親は永眠しました。

母親の葬儀には、本当に多くの方々に来ていただきました。学生時代からの友人、元同僚の方々、元教え子とそのご両親の方々、大学で教えた学生さん方。子どもの頃の私には、「何やってるの？」と少し変に映っていた母親ですが、あんなに多くの方々に慕われ、記憶に残っているということは、少なくとも、母親が歩んできた人生は間違っていなかったのだと思いました。

加えて、大学で教えた学生さん方には、「正直、最初はそんなに興味なかったのですが、羽田先生に気付かせてもらい、今は羽田先生と同じ道を歩んでいます。本当に感謝しています」という方がたくさんおられ、母親の意志が伝わり、それを引き継ぎ、母親がやり残したであろうことを未来にバトンタッチできていたんだとわかった瞬間、私は母親をとても誇らしく思えました。

参列してくださった方々に、この場をお借りして感謝の意を表します。

最後に

母親の手記より
「この家が大好きである！　仕事もおもいきりさせてもらえ、好きな家をまた好きなように改築し、わがままな人生を過ごさせてもらい　有難う！　感謝いっぱい！」

この言葉は、母親の人生そのものだと思います。母親は、最後の方に語っていました。「これだけ、私自身がやりたいことをさせてもらえたのは家族のおかげ。だから、お父さんとあなたには感謝したい」。その時は、何を言っているのかと思っていましたが、今思えば、家族あっての母親だったのだと、それが母親の人生だったのだと思います。そんな母親に声を大にして伝えたいです。

「貴女が母親であってくれて有難う！　感謝いっぱい！」

そして、母親が唯一心残りだった本の出版に関して、音頭を取っていただきました白石先生、並びに編集に携わっていただきました皆様に多大なる感謝の意を羽田千恵子に代わってお伝えさえていただきたいと思います。天国の母親も誇らしげに喜んでいることだと思います。

編者による「おわりに」

羽田千恵子先生が亡くなってから、丸4年の年月が流れました。命日の8月6日は広島原爆忌であり、その日に私たちは戦争のない平和な世界を願っていた先生のこころざしのことを想います。亡くなられる2週間前に私たちは先生のご自宅を訪ねました。私は、淹れていただいた紅茶を味わいながら、先生が非常勤講師を勤めていた龍谷大学での安保法制反対運動のビラをお見せしました。憲法9条に反して日本が戦争をできる国になることをめざしたこの法案に、「元気やったら私も反対運動頑張れるのになぁ」と言われました。そのとき私は、そのビラをお見せしたことに一時の後悔を覚えたのです。

障害のある子どもの発達保障は、よりよい教育条件の実現とすべての構成員の要求が大切にされる職場づくりのなかで達成されていくのだという先生の思いは、教職員組合の活動となってとりくまれました。どんなときにも教育を子どもの立場で守っていこうとする先生の語りには、一方的に思いを語るのではない柔らかさと粘り強さがあったと聞きます。

しかし学校においても、そういった運動にみんなが参加するわけではありませんし、関心がなかったりこころよく思わない同僚がいることも現実です。自分の学級の子どもは大切にしたいが、それ以外のことからは遠ざかっていたいという若い教師も多いでしょう。しかしきっと気づくのは、自分の学級でどんなによい教育をしようと思っても、その教育は学級のなかで完結することはできないということです。子どもへの愛情は、学校と教育、そして政治と行政のあり方へと視野を開き、それを変えていこうとする願いへとつながっていきます。羽田先生にも、「自覚者が責任を持ちます」（糸賀一雄の言葉）と思い立った若い日があったのでしょう。そして子どもへの愛情ゆえに、その自覚と信念を曲げることなく歩みつづけられました。

「元気やったら私も反対運動頑張れるのになぁ」という羽田先生の言葉は、今でも耳に残ります。しかし先生は、その精神において、最後まで子どもの幸福と平和のために生き、たたかわれました。教育実践においては、機能障害の重い子どもへの授業づくりが羽田先生のライフワークでした。

私は、1994年に滋賀大学教育学部大学院で障害児の発達診断の方法について羽田先生に講じました。運動障害が重い子どもは、目に見える機能の特徴から乳児期の発達段階にあると速断され、もっぱら快の情動の形成と諸感覚の改善を目標とした指導がなされやすいものです。私はそれを「みかけの重度」の問題としてお話ししました。このとき羽田先生は、「私もその実感をもっているのです」と応じられました。

現在の障害児教育は、目に見える行動の水準に「エビデンス」を求め、それをもって「発達」を評価する傾向を強めています。そういった理解のしかたを批判して子どもの内面世界を大切にしようとする私たちも、子どもの機能・能力の目に見える特徴の分析に偏った発達理解や発達研究をつづけています。かつて「夜明け前の子どもたち」（重症心身障害児施設びわこ学園の療育記録映画、1968年）で「表情にはそよぎもない」と解説された最重度の重症心身障害児も、その表情と全身によって自らの精神世界を表現することができるのではないか。まだ私たちはそのための方法や能力を獲得できていないのではないか。そういったことが羽田先生と私の共通理解となりました。

この子らの小さな表現のなかにも、その精神活動が隠れているのではないか。それをとらえるには、一つひとつの表現を拾いつつ、その表現がもつ意味を他の表現と関連づけて理解したり、子どもの表現のなかにある一貫性を抽出しようとする息の長いとりくみが必要です。羽田先生は、その議論のためにビデオ映像を大切にされ、撮りためられた授業場面の記録は膨大なものです。教師同士の間では、「あなたにはそうみえるのかもしれないけれど私にはみえない」「それは思い込みであり子どもの思いの誤った翻訳ではないか」などと率直な議論も交わされることでしょう。その議論が大切なのです。

私もそういった議論の一端に身を置いて気づくことは、子どもの精神活動への受容器（センサー）としての感性が、教師において発達していく過程があるということです。

私は、羽田先生の教師としての人生と本書を、農薬の大量散布の害を告発したアメリカの女性科学者レイチェル・カーソンのそれと重ねて読みました。レイチェル・カーソンは、子どもが生れながらにしてもっている自然への「センス・オブ・ワンダー」、つまり「自然の不思議さに目を見開く感性」の大切さを最期の言葉として遺しました。『センス・オブ・ワンダー』（新潮社）と題された小さな本は、死を間近に感じながら自らの研究と著述の意味を振り返って彼女自身がまとめたものであり、死後、知人により出版されました。

教師にも、自然の一部である子どもの精神活動への「センス・オブ・ワンダー」が育つのであり、羽田先生は生命の終わりまで自らの感性の受容器を磨かれようとしていました。

目前に死を意識しながら書かれた羽田先生による本書の「はじめに」は、「今後も、重症心身障害児といわれる子どもたちが予想を越えた姿をみせる授業づくりのおもしろさや、人間として大切にされる教育課程づくりについて、より理解を広げるための活動を続けていきたく考えます」と締めくくられています。この「今後も」に込められた思いは何だったのでしょう。

意識して死に赴いていくとき、この言葉は自らの生を意味あるものとして締めくろうとする最後のたたかい、葛藤の表現であったと思われます。死を前にしても「いかに生きるか」という問いに精一杯答えようとされたのです。おそらく羽田先生は、仲間とつくりあげてきた教育実践論の生命力を確信していたのでしょう。その教育実践論は「私」に属するものではなく、「仲間」といっしょにつくってきたことへの確信です。それを引き継いで発展させていく仲間や若い教師への信頼と愛情を「今後も」に込めて、「はじめに」と人生を締めくくられました。

本書は、羽田先生とともに歩んだ編集委員によって議論を重ねてつくられました。全体の編集を統括したのは白石恵理子です。本書のために協力していただいた教師の仲間のみなさん、教育実践に登場してくれた子どもたち、保護者のみなさんに感謝を捧げます。本書に寄稿いただいた羽田聖さん、羽田明日香さんは、家族としての生活において、羽田千恵子さんという人格に彩りと信念を与えてくださいました。

全障研草津養護学校サークル・白石恵理子編『集団と自我発達』の編集を担ってくださったクリエイツかもがわ社長の田島英二さん、伊藤愛さんに、本書もお世話になりました。こういった集団的な創意の出版に惜しみない尽力をいただいていることに感謝いたします。

2019年8月3日

羽田千恵子さんが欠かさず参加していた全障研全国大会の開催日に

編者を代表して　白石正久

年表

1950（昭和25）　5月13日　京都府京都市で東川重信、静江の長女として生まれる
幼年期　京都で活発な女の子として育つ
1957（昭和32）　6歳　京都市立大将軍小学校に入学
1963（昭和38）　12歳　京都市立北野中学校に入学
1966（昭和41）　15歳　京都府立山城高校入学
1970（昭和45）　19歳　同志社大学文学部社会学科社会福祉専攻入学
ECCサークル、ハーモニカソサイアティクラブに入部
6月　聖さんと出会う
1972（昭和47）　21歳　7月1日　結婚　京都市左京区岩倉三宅町で新居生活始める（大学3回生）
1974（昭和49）　23歳　同志社大学 卒業
1976（昭和51）　25歳　3月19日　長男明日香さん誕生
京都市左京区岩倉三宅町から上蔵町へ転居
1979（昭和54）　28歳　滋賀県立八幡養護学校野洲校舎（びわこ学園内）常勤講師
滋賀県教員採用試験合格
1980（昭和55）　29歳　滋賀県立八幡養護学校野洲校舎（びわこ学園内）正規教諭として着任
1985（昭和60）　34歳　「つたえあいの力をどう育てるか」（障害児教育実践体系刊行委員会『障害児教育実践体系　第3巻　重症心身障害児』労働旬報社）
1988（昭和63）　37歳　滋賀県立三雲養護学校に異動
1994（平成6）　43歳　滋賀大学大学院教育学研究科障害児教育専攻入学（滋賀県からの現職派遣）
1996（平成8）　45歳　滋賀大学大学院教育学研究科障害児教育専攻修了
「重症心身障害児の発達的特徴と教育の課題～1次元可逆操作獲得段階における『見

る力』の事例検討を通して〜」　修士（教育学）学位取得

1998（平成10）　47歳　滋賀県立草津養護学校に異動

1999（平成11）　48歳　「重度心身障害児の発達的特徴と教育の課題」（人間発達研究所紀要第12号）

2000（平成12）　49歳　龍谷大学大学院文学研究科博士後期課程教育学専攻入学

2002（平成14）　51歳　夫（聖さん）の海外勤務が始まる

2003（平成15）　52歳　龍谷大学大学院博士後期課程単位取得退学
みんなのねがい（全障研出版）5月号に執筆
『意味の世界』をとらえ、『意味をつくる』自分に出会う」（白石恵理子・全障研草津養護学校サークル編『集団と自我発達—障害児教育の専門性と授業づくり』クリエイツかもがわ）

2008（平成20）　57歳　「障害児学校における教育課程づくりの取り組み」（障害者問題研究36巻3号）

2009（平成21）　58歳　龍谷大学社会学部臨床福祉学科　非常勤講師（「重複障害者教育総論」「障害児教育課程論」）

2011（平成23）　60歳　滋賀県立草津養護学校退職、滋賀県立野洲養護学校再任用
「〃お話、物語の世界〃でともに遊ぶ！」（障害者問題研究第38巻4号）
みんなのねがい（全障研出版）4月号から9月号まで連載「文化と出会い　友だちと出会う」

2012（平成24）　61歳　12月　長男（明日香さん）結婚式
12月　母（静江さん）死去

2013（平成25）　62歳　滋賀県立野洲養護学校（再任用）退職
4月　立命館大学産業社会学部　人間福祉専攻　教授着任

2015（平成27）　64歳　3月　立命館大学退職
8月6日5時　永眠

｜著者｜
羽田千恵子（はだ　ちえこ）
元滋賀県立特別支援学校教諭、元立命館大学産業社会学部教授（2015年8月6日没）

｜編者｜
羽田千恵子先生実践集編集委員会
白石恵理子（しらいし　えりこ）滋賀大学教育学部教授
白石　正久（しらいし　まさひさ）龍谷大学社会学部現代福祉学科教授

｜執筆者｜
★森　　典子（もり　のりこ）元滋賀県立特別支援学校教諭
★吉田　節子（よしだ　せつこ）元滋賀県立特別支援学校教諭
中島　佳奈（なかしま　かな）保護者
西田　琴子（にしだ　ことこ）元滋賀県立特別支援学校教諭
古日山守栄（こひやま　もりえ）滋賀県立特別支援学校教諭
花木　　誠（はなき　まこと）特別支援学校教諭
珠久　　彩（しゅく　あや）滋賀県立特別支援学校教諭
角　　智子（すみ　ともこ）滋賀県立特別支援学校教諭
堀内　章令（ほりうち　あきのり）滋賀県立特別支援学校教諭
★保木あかね（ほき　あかね）滋賀県立特別支援学校教諭
羽田　　聖（はだ　ひじり）
羽田明日香（はだ　あすか）

★……羽田千恵子先生実践集編集委員会

文化に出会い、友だちに出会う
障害の重い子どもたちと創る授業・教育・学校

2019年8月31日　初版発行

著　者　©羽田千恵子
編　者　羽田千恵子先生実践集編集委員会・
白石恵理子・白石正久

発行者　田島 英二
発行所　株式会社 クリエイツかもがわ
〒601-8382　京都市南区吉祥院石原上川原町21
電話 075(661)5741　FAX 075(693)6605
ホームページ http://www.creates-k.co.jp
メール info@creates-k.co.jp
郵便振替　00990-7-150584

印刷所　モリモト印刷株式会社

ISBN978-4-86342-266-7 C0037　　printed in japan